常读常新
经典故事系列

遥望中原，荒原外

岳飞的故事

刘成海 ◎ 著

华中科技大学出版社
http://press.hust.edu.cn
中国·武汉

图书在版编目（CIP数据）

遥望中原，荒原外：岳飞的故事 / 刘成海著. —— 武汉：华中科技大学出版社，2025.3.（常读常新经典故事系列）. —— ISBN 978-7-5772-1386-6

Ⅰ. K825.2

中国国家版本馆CIP数据核字第20250P2P38号

遥望中原，荒原外：岳飞的故事　　　　　　　　　　　　　　　刘成海　著
Yaowang Zhongyuan, Huangyuan wai: Yuefei de Gushi

总 策 划：	亢博剑
策划编辑：	陈心玉　刘　静
责任编辑：	程　琼
封面设计：	琥珀视觉
责任校对：	李　琴
责任监印：	朱　玢

出版发行：华中科技大学出版社（中国·武汉）　　电话：（027）81321913
　　　　　武汉市东湖新技术开发区华工科技园　　　邮编：430223

录　　排：孙雅丽
印　　刷：武汉科源印刷设计有限公司
开　　本：880mm×1230mm　1/32
印　　张：6.25
字　　数：130千字
版　　次：2025年3月第1版第1次印刷
定　　价：35.00元

本书若有印装质量问题，请向出版社营销中心调换
全国免费服务热线：400-6679-118　　竭诚为您服务
版权所有　侵权必究

北宋　徽宗　竹禽图　卷

北宋　佚名　秋山萧寺图

黄河万里图

江村图

明皇幸蜀图

南宋茶碗

南宋瓷枕

南宋银盘（庭院婴戏图）

玉雕虫离荷叶洗

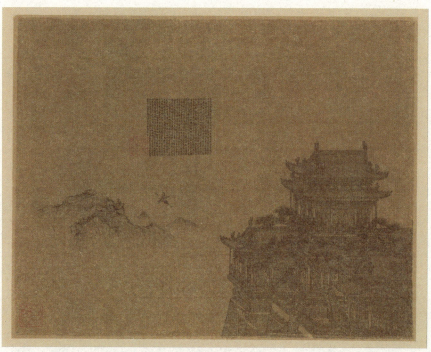

夏永 黄鹤楼图

自序

蒙国权大校不以余之浅陋，余亦不以己之力有不逮，故捉刀执笔，焚膏继晷，幸不辱命，缀文成篇。

余自少时，文化生活相对单调，幸有评书《岳飞传》相伴，度过了最愉悦、最享受的时光。每每梦之所及，傻傻地分不清我乃岳飞，还是岳飞是我，尝惊出一身冷汗，方知是梦。亦梦非梦、似假如真的生活一久，当英雄、做英雄的梦想就像一粒种子，在我的心底扎根发芽，参军报国成了我唯一的、最大的渴望。然而生活并不能事事如愿，少年的渴望终究变成了我一生挥之不去的印记。时光如白驹过隙，转眼在三尺讲坛耕耘了数十载，值得欣慰的是，经过薪火相传，更多的年轻人实现了我未完的英雄梦。

一个国家、一个民族的青少年需要英雄的滋养和传承，因为青少年是祖国的未来。正如总书记所讲："崇尚英雄才会产生英雄，争做英雄才能英雄辈出。"特别是我们处在百年未有的大变局，我们的国家需要铁血卫士、需要民族英雄，为我们的红色江山作为后盾，成为改革开放的胜利果实的捍卫者。

郁达夫曾经慨叹道：一个没有英雄的民族是不幸的，一个有英雄却不知敬重爱惜的民族是不可救药的。为什么中华民族

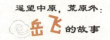

经历了几千年的大起大落,至今仍具有强大的生命力?因为英雄精神是我们国家民族的内生力量,英雄精神的持续润泽就是中国的不灭之魂!

岳飞是我们国家一位了不起的英雄,他的英雄精神在中华大地永放光芒。他是南宋的名将,同时也是一位词作家,毫不夸张地讲:一词压两宋,一人抵万军。岳飞的一生,是尽忠报国的一生,四次投军、四次北伐,历经大小战斗近二百场,无一败绩。他的英名威震九州,名垂青史,是战神级的军事家。他建立了一支中国古代历史上最强的军队——岳家军,这支队伍剑锋所指,所向披靡,让他一生的老对手都无可奈何地发出了"撼山易,撼岳家军难"的慨叹!他的英雄事迹滋养了一代又一代的中国人。"九一八"事变后,大多数中国人从英雄岳飞身上汲取了巨大的精神力量,满腔的爱国热情被激发,他们争唱《满江红》,题写"还我河山",英勇悲壮地奔赴抗日战场。所以说英雄精神是生生不息的动力源泉,是国家民族危亡之际的一盏航标、一声号角,指引着、激励着、鼓舞着中国这艘永不沉没的巨轮,朝着胜利的彼岸前行!

青少年朋友们,读懂了岳飞,就读懂了精忠报国,就读懂了英雄。只有这样,才能真正树立正确的英雄观,抖擞英雄气,进而遇挫不倒,逢难必胜,朝着既定的目标,砥砺深耕,笃行致远。

刘成海
2023 年 3 月 15 日

CONTENTS 目 录

第一章 生于忧患

- 第一节 宋与辽金的对峙 / 2
- 第二节 岳飞的祖先与家庭 / 5
- 第三节 青少年鹏举 / 8

第二章 岳飞屡次从军

- 第一节 一入军门 / 14
- 第二节 再入军门 / 19
- 第三节 金人入侵 / 24
- 第四节 三入军门 / 29
- 第五节 初露锋芒 / 33
- 第六节 结识宗泽 / 38
- 第七节 靖康之难 / 43
- 第八节 越职进言 / 48
- 第九节 四入军门 / 52

第三章 收拾旧山河

- 第一节 汴京弃守 / 58
- 第二节 收复山河 / 62
- 第三节 转战江淮 / 66

- 第四节　题记剖心迹 / 70
- 第五节　六郡归宋 / 75
- 第六节　开赴伊洛 / 79
- 第七节　征蔡州 / 83
- 第八节　君臣渐离 / 88
- 第九节　知音少，弦断有谁听 / 92
- 第十节　北伐中原、直捣黄龙 / 97
- 第十一节　朱仙镇 / 102

第四章　撼山易　撼岳家军难

- 第一节　何为岳家军 / 108
- 第二节　成军编制 / 112
- 第三节　威震九州 / 116
- 第四节　英勇军魂 / 120

第五章　十年战功尽尘土

- 第一节　十二道金牌 / 125
- 第二节　退？不退？ / 129
- 第三节　何事可为 / 133

第六章　衔冤风波里

- 第一节　东窗毒计 / 137
- 第二节　千古奇冤 / 141
- 第三节　屈死结局 / 142

第七章 武穆遗风

- 第一节 岳母刺字的真相 / 148
- 第二节 "还我河山"背后的故事 / 151
- 第三节 岳王遗迹 / 155
- 第四节 何人挂帅？/ 160
- 第五节 岳门后人 / 164

第八章 忠义之士千古

- 第一节 至刚性格 / 170
- 第二节 功名与尘土 / 173

岳飞大事记 / 179

参考书目 / 182

第一章

生于忧患

> 生于忧患死于冤，功高画影奉凌烟。
>
> ——题记

任何人的成长既不能脱离时代，也不能超越时代，每个人的身上无不打上深刻的时代烙印，一个时代的人做一个时代的事情。岳飞生于百年未遇的大变局之中，先是宋辽对峙，然后是宋金战争，洪水泛滥，家道中落，天灾人祸，忧患频仍，所以岳飞的故乡、家世以及少年的成长经历，铸就了他刚毅、简朴、执拗的性格，耕读习武培养了他过硬的素质，为日后成长为名将和英雄奠定了坚实的基础，但也为日后的蒙冤受屈埋下了伏笔。

第一节　宋与辽金的对峙

话说公元960年,后周禁军头领赵匡胤发动了陈桥驿兵变,终结了中国历史上一个大分裂的时代——五代十国,开启了相对统一的王朝——大宋,使中国的历史再次走向"分久必合"的格局。

赵匡胤可以说是个"酒家",酒助其兴,酒夺其命。本来一场酒,赵匡胤"黄袍加身"当了皇帝,又因为一场酒"杯酒释兵权"解除了后顾之忧,可还是因为一场酒"斧声烛影"断送了性命,真是成也美酒,败也美酒。赵匡胤也是个"牛人",陈桥驿兵变是王朝更迭的经典,兵不血刃,只是黄袍加身,既没有武力征伐,也没有血洗王庭,一切都是"山高云无碍,水流境有声",通过和平过渡的手段让后周的小皇帝禅位,从此废周立宋,改号称帝,定都东京汴梁(今河南开封),史称北宋,实现了大一统。然而,北宋统一后的疆域与往昔相比是残缺的,不完整的,在东北有辽国,西北有西夏国。历史有惊人相似的一幕,北宋一朝又出现了三国并立的局面。

北宋王朝是一个极其特殊的朝代,崇文抑武,是一个文人治国的社会。虽然统治者加强了中央集权,取得了巨大成效,经济繁荣，文化昌盛，社会稳定，但是赵匡胤坐稳江山之后，通过"杯酒释兵权"的一番操作，让北宋兵无常将，武备松弛，导致周边强邻环视，积弊日深，造成了御边的疲弱，酿成了极端的恶果，最终北宋灭亡。

北宋王朝也是一个极其尴尬的朝代：先于北宋近半个世纪，东北的契丹族建国，后改国号为辽；后于北宋半个多世纪，西北的党项族建立西夏国。辽与西夏在北宋的东北、西北形成掎角之势，然而两只犄角不是拱卫北宋，而是不断挤压、蚕食北宋，成为锯不断、搬不走的"邻居"。特别是公元916年建立政权的辽国，五代时期就已日渐强大，自接收了燕云十六州之后，便使北宋失掉了拒敌的天然屏障，而辽国借助燕云十六州的优势，使经济文化大盛。因此，辽国滋生了扩张的野心，不时地掠夺中原。

宋辽之间最为严重的冲突是澶渊（今河南濮阳）之战。公元1004年，辽国进犯北宋，当辽军兵临城下之时，北宋屈辱地与辽国签订了城下之盟，直接导致了北宋陷入泥沼，间接导致了北宋的虚弱。虽然"澶渊之盟"使北宋的边患得到了一定的缓解，但是摩擦依然不断。历代宋室帝王都有一个梦想，那就是收复燕云十六州，只有这样才能与辽国有关系缓和的余地。当然，经过庆历新政、王安石变法，北宋的政局有所改观。然而按下葫芦浮起瓢，边患稍解，内乱又起。北方的宋江（《水浒传》的原型）、南方的方腊等农民起义给北宋王朝以沉重的打击，再加之朝廷内部腐败不堪，内忧外患日趋严峻，

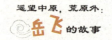

也为金灭宋留下了巨大隐患。

在东北的辽国治下，除了契丹族之外，还活跃着不可小觑的女真族（清朝时改称满族），就是这个民族先后消灭了北宋和辽两个政权。女真族英雄完颜阿骨打于公元1115年统一了女真各部，由于不满辽政权的统治，遂发兵攻辽，同时也改号称帝，是为金。金国建立之初，与北宋之间隔着疆域广阔的辽国，尚未对北宋构成威胁。随着金国的迅猛发展，伐辽的态势风卷残云，不久金与北宋的地缘逐渐接近，宋金两家开始交往，在与北宋的交往中，金国深得"远交近攻"的战略要义，宋金同盟日渐达成。

在利益的驱动下，北宋与金国双方为了夹击辽国，签订了"海上之盟"，双方约定：金军负责攻取辽国的中京（今内蒙古宁城），宋军负责攻取辽国的南京（燕京），双方军兵彼此不得过关（山海关）。宋金自此正式开始合作攻辽。北宋心心念念的是收复燕云十六州，旨在巩固在北地的势力，防止外族自边关入侵，以图中原稳定。而北宋"前门拒虎，后门纳狼"的策略，已经悄然为北宋培养了又一强敌。

公元1125年，女真族消灭了延续了两百多年的辽国，北宋、辽、西夏三国并立的局面也正式转变成了北宋、金、西夏对峙的新局面。一年后金军的铁蹄踏破了东京汴梁，古老的城池遭洗劫一空，连皇帝都被俘虏，史称"靖康之耻"。北宋遂亡，南宋始立，迁都临安（今浙江杭州）。

南宋初期，金军不断南侵，激起了南宋军民的英勇抗击，其中最具代表性的将领非岳飞莫属。岳飞所到之处,金兵闻风丧胆,无不惊呼:"撼山易,撼岳家军难!"岳飞精忠报国的一生,还要从汤阴这座古老的县城开始。

第二节　岳飞的祖先与家庭

在古老的中原,有一条籍籍无名的小河——汤河。涓涓细流穿越了几千年的岁月,安静清澈,没有蒙上历史的尘埃,它一直见证着、流传着这里动人的传说。汤河原名荡河,因河水微温故称汤河,坐落在汤河沿岸的一个千年古县——汤阴县,是"三圣之乡"。如今,汤阴在市场经济的大潮中似乎不太有存在感,然而,它在历史的长河中却是如雷贯耳,尽人皆知。无论是走进汤阴的人,还是走出汤阴的人,都有了不起的人物为汤阴增添浓墨重彩的一笔:两千年前的周文王被幽禁羑(yǒu)里,因推演《周易》而名垂千古;一千年前南宋岌岌可危,这里却走出了一位抗金英雄岳飞,更是青史留名。

汤阴县在宋朝时期隶属河北路相州府,即如今的河南省安阳市。西依巍巍太行,南临滔滔黄河,地处中原腹地,这里自古就是交通要冲,具有重要的战略地位。南宋抗金名将、军事家、战略家、书法家、诗人、位列南宋"中兴四将"之首的岳飞,就诞生于汤阴县永和乡孝悌里,即今汤阴县城东三十里菜园镇程岗村。村中矗立着一面英雄墙,黑底白字的"民族英

雄"赫然醒目。每年岳飞的诞辰日（3月24日），汤阴县都要举行隆重的凭吊、祭祀活动，以表达对这位民族英雄的缅怀和敬仰之情。

岳姓，上溯到上古时代，据传有诸侯四岳，又称太岳，是一种非常重要的祭祀官，所以岳姓一脉就以官职作为姓氏。直到北宋以前，岳姓的名人鲜见于卷帙浩繁的史册。汤阴岳氏一门原发于山东聊城，至岳飞的高祖岳涣，才迁徙到河北路汤阴县。传至岳飞，岳姓才成为名门望族。

岳飞的高祖岳涣颇具才情，品行敦厚，经常游历东京汴梁，后来在京城讨了个官差，从此走上了仕途。由于岳涣为官的能力和素质得到了认可，因此他的官职不断累迁，先是当了沧州令，后来出任汤阴令使。岳涣在汤阴走马上任后，有了一定积蓄，就将其家眷从原籍迁居到汤阴县永和乡孝悌里，并购置了田产，开始安居乐业，开枝散叶。

根据《岳氏族谱》记载，岳飞的高祖岳涣、曾祖岳成、祖父岳立，经过这三世的积累，到父亲岳和一辈已成当地的富户，但随着家道中落，父亲岳和迫于生计也不得不从事农耕，但其为人忠厚，重义气，即使节衣缩食，也要急人之困，深得乡人爱戴。公元1103年，他与妻子姚氏有了儿子岳飞。

汤阴岳氏一门，至岳飞而中兴，而岳飞治家的理念就是"百善孝为先"。在岳飞的心中，"父母"意味着一种表率、一种榜样。其孙岳珂在追述祖父时，多次言及岳飞"事父母至孝"，这种美德是与岳氏家风密不可分的，对岳飞品性的形成起到了决定性作用。

父亲岳和早逝,所以岳飞的孝行多体现在"孝母"上。岳母姚太夫人也是一位深明大义的妇女,金军南侵之初,岳母姚太夫人就多次勉励儿子从军报国。在岳飞参军走后,汤阴就被金军占领,岳母姚太夫人身处沦陷区,在自身安全都无法保障的情况下,还托人带话给岳飞:"勉事圣天子,无以老媪为念也。"岳母要儿子以国为重,勿要因她而分心。岳飞实在不忍,认为"若内不能克事亲之道,外岂复有爱主之忠?"于是派人前去迎接母亲,历经十八次往返,才将母亲与儿女从金人占领的汤阴接出来。姚太夫人深明大义的家国情怀为后人追念,亦在民间留下了"岳母刺字"的佳话。

常言道"自古忠孝难两全",但岳飞似乎完美地处理好了"为国尽忠"与"为亲尽孝"的关系。岳飞升任为兵马大元帅后,更加尽心地侍母至孝,亲自把母亲接到军营中,唯恐侍奉不周,每晚处理好一日军务后,无论多么疲倦,也要坚持到母亲处问安。当母亲生病时,他亲尝汤药,跪送榻前。

岳氏一门在岳飞的熏陶中,将"至孝"融入家风血脉,使其成为岳家一脉相承的美好品德。岳飞对子女格外严格,督促子女们做好文武功课,而且还要他们课后亲自到田地里劳动。"稼穑艰难,不可不知也"是他的谆谆教诲。此外,岳飞还强调家中的"禁酒令"。在南宋,酒铺林立,饮酒成风,岳飞对儿子们规定:除了节日外,平日里一律不准饮酒。"正己而后可以正物,自治而后可以治人。"在军中,岳飞为避嫌,对岳

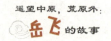

云的战功经常隐功不报。

岳飞始终秉承"以严持家"的家风,对内严格如此,对外掌兵更不必分说。以严治家,以严治军,也是"冻死不拆屋,饿死不掳掠"的岳家军光荣旗帜屹立不倒的原因。岳氏一门,家德蔚然成风,勉励着一代代岳家子孙砥砺奋进,发扬光大。

第三节 青少年鹏举

公元1103年3月24日,在这个阳光灿烂的日子,一声婴儿的啼哭从汤阴县永和乡孝悌里传来,是那样地清脆,是那样地洪亮!这声音竟然引来一只大鸟绕屋盘旋,鸣凤朝阳。父母大悦,冥冥之中好像上天赐名,随即顺从其美,取单名一个"飞",表字"鹏举"。谁曾料到,这个呱呱坠地、名为"岳飞""岳鹏举"的婴儿,日后竟然成为直捣黄龙、威震番邦的大英雄。

自古英雄出少年,但是,从来英雄也多磨难。据《宋史》载,岳飞刚刚出生不久,就经历了一场几乎灭顶的洪灾。当年黄河决口,水势浩大,洪水冲入了汤河,汤河沿岸的汤阴县以及周边的十里八乡,瞬间就变成了水乡泽国,洪水过处房倒屋塌,人畜两亡。猝不及防的洪灾,是岳飞人生磨难的头一遭,洪灾也让岳飞一家由家庭殷实变成流离失所。洪灾面前,一切财富与生命相比,都显得无足轻重,逃生是岳母姚太夫人唯一的选择,她抱着岳飞坐在大瓦缸里,随着汹涌的洪水肆意漂流。真的是天无绝人之路,岳飞母子逃生所坐的大瓦缸正好漂到岸边,被树枝挂住,两人才幸免于难。当时的老百姓都觉得十分神奇,认为岳飞一定是神仙下凡,命由天助。虽然后来据专家考证,岳飞生年黄河并未决堤,汤阴县内也无水患,而这种说法源于岳飞之孙岳珂所著的《鄂国金佗稡编》[1]。众所周知,古人喜欢通过营造一个人出生时的异象来强调此人天生不凡,所以岳飞出生遭受洪灾的故事大概来源于此。但岳飞一生极尽忠勇,深受世人崇拜,死后更是逐渐从一名武将演化成了一尊神明,百姓们大多愿意相信这段故事,这故事也在话本、小说、传奇中被广为传颂。

公元1109年,岳飞七岁入私塾读书。古人多采用虚岁计龄,即出生就为一岁,而今人采用周岁计龄。清朝人钱彩所著的经典演义作品《说岳全传》中杜撰了这样一首诗:

> 投笔由来羡虎头,须教谈笑觅封侯。
> 胸中浩气凌霄汉,腰下青萍射斗牛。
> 英雄自合调羹鼎,云龙风虎自相投。
> 功名未遂男儿志,一在时人笑敝裘。

钱彩虽在小说中假借"七龄幼童岳飞偶题",却也从另

---

[1] 南宋岳珂编纂。

一个角度表现出了小岳飞的志气和胆魄。少时的岳飞就有远大的抱负，性格沉稳寡言，富庶的家境虽然已经不再，但他十分喜欢读书，尤其喜好阅读《左传》《孙子兵法》和《吴子兵法》。后来，岳家条件每况愈下，甚至无力购置蜡烛、油灯之类的照明用具，岳飞便在白天辛勤劳作之余抓紧时间读书，在夜里还经常借着燃烧的木柴发出的火光读书识字。天资聪颖的岳飞记忆力颇强，又有过人的恒心和毅力，在其日后成为将军时，尚能精通诗词文赋。传说，岳飞的书法取意于苏东坡，这同样也为岳飞日后的儒将之风奠定了良好基础。岳飞虽出身寒微，但十分注重气节涵养，在后来的戎马生涯中，依旧手不释卷，不少史料中也都有他十分好学的记载。其实，酷爱阅读军事著作的岳飞自小就有一个属于自己的"将军梦"，从小接受的乡里文化教育足以让其成为一名颇受尊敬的"士人"，但奈何家境不允，这样的梦想也许只能是孩提时的一个梦而已。

十几岁时，岳飞就开始向恩师周同学习骑射，在武学上平添了新的本领。《宋史》云："（飞）生有神力，未冠，挽弓三百斤，弩八石。"（一石[dàn]约等于一百二十斤）岳飞生来有无神力，无从考证，但其早年从事的农耕劳动，也让他收获了健壮的体魄和强大的力量。依照宋朝军制，"弓射一石五斗"（约等于一百八十斤）就可算作武艺超群，可选调成为皇帝的御前侍卫，且北宋武士挽弓的最高纪录也只有三石（三百六十斤）。至于拉开三百斤的重弓、操作八石（九百六十斤）重的强弩，有可能是后世之人崇拜岳飞，为了凸显岳飞的神武而杜撰的。

但是岳飞拥有精湛的武艺、箭艺,此话不假。这得益于其恩师的倾情相授。岳飞的老师周同,是影响岳飞一生的人,人称"陕西大侠铁臂膀"。他是北宋末年的武术大师,以长于箭术闻名。作为汤阴的"乡豪",传说有一次他当众为百姓表演,连发三箭,都射中靶心。岳飞看到了,技痒难耐,便取过弓来,也射了两箭,竟然与周同的箭孔重合。周同大为震惊,立即将两张心爱的弓送给这个毛头小子,并专心传授自己的看家本领。只花费了几天,岳飞就学会了射箭的全部诀窍。经过苦心练习,岳飞不但能够开强弓,还能左右开弓,百发百中。

后来周同病死,岳飞悲痛不已。每月初一和十五,都要去老师的坟前祭奠。由于家境窘迫,实在买不起祭品,岳飞就去当铺典当自己的衣服,买来祭品祭奠恩师。其父岳和发现儿子的衣着越来越少而单薄,便心生疑窦,追问事情的原委,可是岳飞就是不说,岳和就以家法伺候相逼。而岳飞既不埋怨父亲,也不说实情。后来,岳和暗地跟踪岳飞,这才发现了其中的隐情,对儿子尊师重礼的忠义行为赞不绝口。

此后,岳飞又跟着枪手陈广学习枪术。据说陈广见岳飞身强体壮,而且忠肝义胆,特地将一身独门枪法悉数教给了岳飞,自此岳飞的枪术大有进步,很快便成为汤阴县的枪术高手。《说岳全传》中讲岳飞"冒天下之大不韪"枪挑小梁王,夺取武举状元,而从史实来讲,岳飞作为一个普通的寒门子弟,考取武举简直是炙冰使燥、异想天开。也许少年岳飞的举

子梦确实存在过，却被骨感的现实拍在了沙滩上。

公元 1118 年，尚在读书习武的岳飞完成了婚事，迎娶了自己的第一任妻子刘氏。次年，岳飞长子岳云的出世让这个家庭充满了欢喜，但也让岳家的经济负担日渐沉重，岳飞只能典卖土地，从自产农沦落为佃农（租地种的农民），雪上加霜的生活迫使岳飞不能在家乡长久安居，他决定到外面去闯荡一番事业。公元 1122 年，岳飞从军，开启了他的军旅生涯。同一年，二十岁的岳飞有了自己的长女，他与刘夫人为她取名"安娘"。关于刘夫人，杭州岳王庙《岳母刺字》的壁画中可以找到她的身影。又过了三年，次子岳雷出生。此后，岳、刘两人的婚姻大概持续了八年多，由于岳飞长期在外打仗，自身家境又贫困，加上后来汤阴为金军所占领，刘氏生活难以为继，最终还是选择抛下婆婆和三个年幼的孩子改嫁他人，这是后话了。

纵观岳飞意气风发的青春岁月，在人生的前二十年里，他度过了不凡的童年。少年时期的他，坚守耕读，拜师学艺，结交英雄好汉，同时也拥有一个相对完整的家庭。其家境虽然清苦，却依旧能够秉持理想和信念。岳飞早年的婚姻生活，也可谓幸福美满，享受儿女双全的天伦之乐。这样一个出身寒门的汤阴少年，却在日后宋金战争中发挥出了中流砥柱的作用。

第二章

岳飞屡次从军

> 屡次从军为报国,频遭磨难不蹉跎。
>
> ——题记

老话说:再一再二不再三。然而岳飞却再三再四地投军:一次投军为御辽,二次投军为谋生,三次投军为抗金,四次投军为报国。岳飞的投军之路一波三折,频遭磨难。岳飞如果是一个意志薄弱的人,是一个耐挫能力很差的人,可能早已改弦易辙,特别是越职进言后,被皇上踢出军营,他仍然没有丧失信心,而且穷且益坚,他坚信国难当头,哪里不是抗金的战场?他毅然决然地第四次投军。岳飞由于其过人之处和赫赫战功,逐步从敢战士,到偏校,再到统制,最终成长为一名抗金的名将。

第一节 一入军门

二十岁的岳飞,已经是弱冠之年,正是壮志凌云、意气风发的年纪,虽已成家,却没有立业;虽然学到了浑身的本事,却没有用武之地。表面的安心耕读,藏不住一腔驰骋疆场的热情。大丈夫四海为家,在沙场上英勇鏖战,才是青年岳飞此刻真实的心之所想。他渴望并压抑着,苦于没有机会。正在踟蹰徘徊之际,忽传战报,说是大宋朝廷正在河北路相州城(今河南安阳)里张榜招兵,准备攻打辽国。岳飞乍一听闻,立时热血沸腾,他知道机会来了,就凭自己这一身枪法箭术,战场上准能杀敌受奖,到那时,说不定还能谋个一官半职,建功立业。想到这里,他没有片刻的迟疑,告别了父母妻儿,仿佛着了魔一样,向相州城飞奔而去。

为什么攻打辽国呢?此刻正好有个攻辽的契机,也正是这个契机,为四年后北宋的灭亡埋下了祸端。话说北宋有个搬不走的"邻居"——辽国,而在辽国的属地,也就是说在白山黑水之间,崛起了一个新的政权,这是一个由女真族执掌的政权,由于女真族不满辽国契丹族的残酷统治,就竖起了反辽大旗,并建立了金国。女真族在中国历史上曾经两度建立政权,明朝末年,女真族改称满族,其建立的后金国也改为大清国。

所以满族即女真族，这个民族由来已久，距今一千多年前就建立了金国，曾经灭掉了大辽国与大宋。

女真族一建国，就剑指原宗主国——辽国。金军金戈铁马，气吞如虎，以锐不可当之势，短时间内就突破了辽国的千里防线，将整个辽东半岛收入囊中，从此辽东半岛与山东半岛这个北宋属地隔海相望。

北宋的经济、文化繁荣是不争的事实，但军事疲弱，无法与邻国大辽抗衡，所以燕云十六州便是其永远也抹不去的痛。文人治国的大宋少不了饱学之士，北宋文人想复制大秦当年制定的"远交近攻"战略，幻想着与隔海相望的金国联盟，夹击辽国或许会收到一统江山的效果，这如同一个弱不禁风的人做着力能扛鼎的美梦，宋朝仰望天空的本领远远超出了脚踏实地的能力。这便有了"海上之盟"——宋金两国约定从南北两面夹击辽国，灭辽之后，长城以北的土地归金，长城以南的燕云十六州归宋（收回燕云十六州是北宋几代皇帝的追求），而且宋朝将过去朝奉辽国的岁币转纳金国。

北宋倡导的"海上之盟"，今天看来，对错参半。与金国联盟夹击大辽没错，收回燕云十六州也没错，错就错在缺乏战略平衡的构想。如果只是削弱辽国而不是灭掉辽国，那么北宋与金国之间还有战略缓冲：如果金强辽弱，转而联辽抗金；如果辽强金弱，再反过来联金抗辽。这样可形成三足鼎立之势，然而北宋不得诸葛之遗风，忘记了唇亡齿寒的道理，最终葬送了自己，这是北宋的不幸！

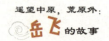

公元 1122 年,大宋朝廷在河北路相州城里张榜招兵,这是践行"海上之盟"的举措,准备征兵攻打辽国。当岳飞飞奔到相州招兵站时,投军的人已经是人山人海,万头攒动,上有白发苍苍的老叟,下有稚气未脱的孩童,一看都是想当兵混饭的人,常言道"插起招兵旗,自有吃粮人"。没办法,穷苦百姓与其饿死,不如战死,这也是讨生活的一条出路。

岳飞年方二十,正是体格健硕、英姿勃发的时候,所以在招兵站里尤显得一枝独秀,卓尔不群,一下子就闪进了招兵站的头领刘韐(gé)将军的法眼。

刘韐是河北路真定府(在今河北正定)官员,见到岳飞好生欢喜,认准他是带兵打仗的好苗子,就有意考察一下,看看他有什么本事,便和蔼地问道:"你会什么武艺?善使什么兵器?"岳飞见有人问他,还是个将军,也心生欢喜,觉得终于遇到了慧眼识珠的人,就豪情万丈地回答道:"善使长枪,请大人指教!"刘韐哈哈大笑道:"人不大,口气不小!"便命武官递给岳飞一根长枪。岳飞握在手中,抖了抖,然后说:"枪不错,可惜轻了点。"怎奈招兵站只有这等分量的长枪,那就凑合着用吧,岳飞便舞起了长枪。那根长枪耍得那叫一个带劲儿,枪抡起,飞沙走石,人不得靠前;枪到时,如同饿虎扑食,无人能幸免。在场的人看得不住尖叫与喝彩。刘韐大喜道:"果然身手不凡,本府收下你了,那你就当'敢战士'的小队长吧。如果以后在作战中立了战功,本府一定会再提拔你!"想那岳飞在向周同学习射箭的同时,还跟陈广学习过枪

第二章 岳飞屡次从军

术,后来在汤阴县武艺大赛时,岳飞力克群雄,获得了汤阴县"无敌枪手"的荣誉称号。

岳飞在刘韐将军的赏识下第一次投入了军门,他率领那一小队"敢战士",随着征辽大军进攻燕京城(今北京市)的。<u>燕京城是辽国的首都,说起燕京城可是很有些来历,战国七雄时期就是燕国的首都,历史上废都之后就成为幽州的治所,辽国时期恢复首都地位,辽称南京;金称中都;元称大都;明清称北京,至今。</u>听说要攻打燕京城,这让年轻的岳飞感到异常激动。对于岳飞来说,燕京城只是儿时在村里时听老人们说起过,从来没见过,这座城池本属于燕云十六州,一直是汉唐的疆土,后来一个叫作石敬瑭的人,为了一己之私拱手让给契丹族的辽国,以换取自己一个儿皇帝的地位。这件事仔细一品味,又添堵又心痛,怎么会有这样的无耻之徒?都过去了那么久,但父老们在街谈巷议时,依旧对石敬瑭的无耻卖国行径恨得咬牙切齿。岳飞多么渴望,有朝一日能通过自己的手,将这座雄伟的城池收复啊!

在"海上之盟"的约定下,宋、金共同吹响了夹击辽国的号角,由于金国的铁骑更具威胁,更让辽国恐惧,所以辽国的主力都陈列东北迎击金军去了,对北宋采取了蔑视、放任的态度,那意思就是,你大宋能奈我何?因此燕京城的防守略显空虚。尽管如此,童贯率领的二十万征辽大军还是惨败而归。难怪辽军主力不遗余力地北迎金军,不难理解辽国对大宋采取蔑视、放任的态度了,因为大宋王朝的军队是如此不堪一击,

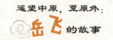

二十万大军竟被燕京城的守城辽兵打得落花流水,吓得望风而逃。如果宋军训练有素,是一支敢打仗、能打仗的队伍,如果宋军有一位运筹帷幄的统帅,趁辽军空虚,正是攻城拔寨的大好机会,拿下燕京如探囊取物。然而征辽的将帅无能,白白地葬送了大好战机,更加痛心的是白白地葬送了宋军的性命。

随着征辽大军的溃败,形势发生了逆转,征辽之战变成了御辽之战。一字之差,相差千里。征辽是主动进攻型行动,御辽是被动防守型行动,征辽转御辽,就是变主动为被动,在气势、状态、心理上都增加了不确定性,大概率地提高了完败的可能。岳飞为自己未能参加进攻燕京之战而懊丧不已,不过没关系,是金子总要发光的。

我们发现,每当国运式微,常常是后院起火,特别是大敌当前,总有一些民族败类趁火打劫,祸乱同胞。相州城陶俊、贾进为首的一伙贼寇,趁机作乱,抢夺财物,杀人放火,无恶不作。他们严重地扰乱了御辽的大计,官兵多次围剿均告失败。第一次投军的岳飞一看征辽无望,那就先处理内贼吧。于是这个"敢战士"的小队长,主动请缨要用100骑兵讨贼,然而刘韐将军却拨给他步兵、骑兵二百人。

岳飞投军前,不但是神箭手、无敌枪手,同时也是饱读兵书之人,他不逞一时之勇,而是智勇双全,对付贼寇自有一套战略战术。他先派三十步卒伪装成商人,进入贼寇的控制区,并趁着贼寇劫掠财物返回之际混入其队伍。等到入夜之后,岳飞令一百多人偷偷地埋伏于山下,自己则只带领数十名骑兵在贼寇的营垒前叫阵。陶俊、贾进眼见这么几个官兵，不足为惧，也不以为是计，于是果断迎战。双方一交兵，岳飞佯败，诱贼追击，然后四面一百多伏兵突然跃起，混入贼寇队伍的三十步卒也趁乱发难，里应外合，贼首陶俊、贾进逐一被擒，群龙无首，贼寇四散而逃，尽数或杀，或俘，或逃散，一众贼寇灰飞烟灭。

岳飞第一次参军入伍，就成为"敢战士"小队长，领百余人生擒贼寇，从此小有名气。由于其父岳和病故，他不得不回汤阴为父守孝，就此结束了他短暂的第一次从军生涯。

第二节 再入军门

岳飞第一次投军就崭露头角，怎奈服丧守孝乃人生大事，在漫长的封建社会，以孝治天下，百善孝为先，一旦家里有丧事，无论何职何位，一律卸职丁忧，如果犯禁，就会落得个不肖子孙的恶名，遭万世唾骂且永不得翻身，所以岳飞在家守孝两年。公元1124年，河北路发生水患，岳飞家中陷入了无米为炊的窘境，为了养活一家老小，唯一的选择就是投军。二十二岁的岳飞投效河东路平定（今山西平定县）军，平定地处太行山西麓，娘子关扼守着晋冀交通要冲，有万里长城第九关之称，自古以来就是兵家必争之地。派驻这里的平定军，主要是阻挡金军南下。岳飞第二次参军，就让金军知道了他的大名!

有人不禁要问,两年前岳飞第一次投军时,还是宋金联盟夹击辽军,怎么刚过三年,宋金就开战了呢?世间事就是这样变幻无常,昨天还是朋友今天就可能成为敌人。灭辽是金国战略的第一步,灭宋乃至统一天下才是金政权的终极目标。

话说完颜阿骨打称帝,即金太祖,他是女真族一位杰出的领袖,在多年的反辽斗争中积攒了底气,决心推翻契丹统治,建立自己的王朝,这是何等的气魄!公元1120年,金太祖亲率大军向辽国上京临潢府(今内蒙古巴林左旗)进发,在强大的金军的震慑下,守军被迫出降,辽国天祚帝耶律延禧听闻,惊慌地逃往西京(今山西大同)。公元1121年,辽国都统(类似总司令)耶律余睹率部降金,震动了整个大辽朝野,一时间辽国几乎陷入了土崩瓦解的状态,连"总司令"都投降了,这更加坚定了金太祖灭辽的决心。这一年金太祖完颜阿骨打命皇弟完颜杲为诸军都统,完颜昱、完颜宗翰(粘罕)为副都统,辽国降将耶律余睹为先锋,统军南下,攻打辽国中京大定府(今内蒙古宁城)。公元1122年,辽军惊闻金军已到,不战自溃,于是金军遂克中京。辽国的天祚帝如丧家之犬,一直奔波在逃亡的途中,惶惶不可终日。屋漏偏逢连夜雨,天祚帝耶律延禧弃军逃跑,随继守城的王爷耶律淳也在辽国南京(今北京市)称帝。然而耶律淳刚刚尝到当皇帝的滋味没有几个月,金军就兵分两路进攻南京,当时正赶上地震,天灾人祸,金军不战而胜,轻取南京。公元1123年,完颜阿骨打病逝,其弟完颜晟继位，即金太宗。在汉族社会里，皇权往往是父死子继，然而在少数民族中，兄终弟及是常见的事，这就避免了因子小继位而造成权臣乱政的弊端。公元 1125 年，辽国天祚帝在应州（今山西应县）被金军俘虏，宣告大辽国寿终正寝。辽国的灭亡并没有使金人停下向南践踏的铁蹄，自此北宋即将面临更加糟糕的命运。

然而在宋金联盟夹击辽国的过程中，朝廷派遣童贯率二十万大军征辽。先了解一下童贯，他是北宋的"六贼"之一，性巧媚。他先是在杭州为宋徽宗搜括书画奇巧，后来助力蔡京登上丞相宝座，蔡京拜相后（蔡京也是奸相，与奸相秦桧是连襟），厚谢其助，就荐举他作为西北监军，领枢密院事，执掌了二十年的兵权，权倾内外。当时有人戏称蔡京为"公相"，称童贯为"媪相（意为母相）"。由这样一个谄媚、奸诈的太监领兵征辽，真是天大的笑话，只有丧国的昏君才能做出此等下策。

公元 1122 年，宋军征辽丧师惨败，这令人难以置信，为什么呢？在征辽的一年前辽国的大都统就已经降金了，辽军因为"总司令"投降，早已丧失了协调统一的指挥能力，只剩下地方势力在各自为战，何况金军步步紧逼，辽军处于闻风丧胆、不战自溃的状态，而且辽军在腹背受敌的情况下只是困兽犹斗，二十万大军最终落得个丧师惨败。可见一将无能，累死三军，这是怎样的奇耻大辱！宋军大败，彻底暴露了宋军上下的严重腐化，为后来的靖康之难埋下祸根。

然而奸诈的童贯,不但没有受罚反而受赏,这又是怎么回事呢?宋军大败后,玩弄权术的童贯来了一个借篷使风之计,假借他人之手为己贴金,反正都是对辽作战,谁取燕京不重要,重要的是最终燕京归谁所有,战场上我败,事后我可以说是佯败,是诱敌的战术,想好了对策,就看实施的手段了。童贯乞求金兵代为攻取燕京,金军轻取燕京后,将燕京的财物劫掠一空,然后童贯花重金再从金人手里赎回燕京一座空城,班师回朝后却侈谈他如何收复燕京有功。

人无底线何异于禽兽!丧师辱命,竟然还赢得了收复有功的称号。虽然他因征辽丧师而被解除兵权,但宋徽宗念他收复燕京有功,遂遵宋神宗遗训——能收复燕云之地者赏以封地、给以王爵,于是下诏封他为广阳郡王,第二年战事吃紧时又起用了他。

公元1125年,金军侵宋,昔日的盟友,今日的敌人。完颜宗翰为左副都统,从云中出发;完颜宗望(斡离不)为右副都统,从保州出发,夹击太原。童贯驻守太原,派马扩、辛兴宗以访问为名去试探金人的意图,金人指责宋军收留张觉。张觉何许人也?能让金人这么大动肝火。原来张觉是辽兴军节度副使,金兵攻辽时投降完颜宗翰,官拜临海军节度使,后来又归降北宋,拜泰宁军节度使。这使金人大为不满,觉得被张觉玩弄了,对这个再三倒戈的人不杀不足以平愤,认为现在你宋朝收留张觉就是对我金人的亵渎,当然这只是对宋宣战的借口。所以金国就派使者来下战书,童贯对金国使者厚礼相待,并说:"这么大的事,怎不先告诉我呢?"金国使者一听,童贯这话并不强硬,就趁机劝童贯马上割两河(河北路、河东路)之地向金人谢罪。童贯垂头丧气,无以应对,打算逃回京城避风险。太原守将张孝纯谴责他:"金人背盟,大人应号令天下兵马全力抵抗,现在弃之而去,是把河东丢给敌人啊!河东一入敌手,河北怎么办?"童贯怒斥他说:"我童贯受命为宣抚使,不是来守疆土的。你定要留我,还设将帅有何用?"张孝纯拊掌叹道:"童太师一生威望甚高,事到临头却畏缩恐惧,抱头鼠窜,有何面目再见天子呢?"

童贯不顾守将的挽留,也不顾太原的安危,更不顾老百姓的死活,竟然逃回京城。此时徽宗已经禅位给儿子宋钦宗,钦宗下诏亲征,命童贯留守汴梁,然而童贯抗命不受,与徽宗一同南逃。卫士们紧随其后,童贯嫌人多走得慢,便对自己的随从下手,命令亲军射杀了一百多人。

说起童贯的罪恶那是罄竹难书,大快人心的是宋高宗建炎元年(公元1127年),童贯在南雄受法伏诛,一代奸贼命归西天。

话说童贯逃回京城,太原失守,完颜宗翰率领的金军开始攻打平定军,想通过娘子关的关隘一路向东。岳飞正好驻守平定,河东路主将得知岳飞作战勇猛,于是提拔他为"偏校"。如果说"敢战士"还是士兵的话,那么"偏校"已经是军官了,从带兵的人数看相当于如今的连职军官。他带领一百多名骑兵作为"硬探",到榆次一带侦察金军动向。由于榆次一带沟深林密，隐藏在密林的金军突然窜出，将岳飞带领的一百多名侦察兵团团围住，战士们毫无思想准备，惊慌失措。只有岳飞镇静自若，大喝一声"我是平定军偏校岳飞，岳鹏举"，便扬鞭策马冲入敌阵，杀了几个来回，杀死几名金人骑兵的将领。敌人畏怯，不敢逼近。从此金军知道宋军中有个叫岳飞的人，武艺、胆量相当了得。

不久，完颜宗翰从西向东，完颜宗望从东向西，两军合兵一处，进攻平定城，金军以丧失万人士兵为代价，才最终攻下平定军。关于平定军与金兵交手的具体情况，已经不得而知，对于岳飞在这一战中的表现，我们也不得而知。不过从金兵的伤亡情况来看，这一战应该打得极为惨烈，而这一战让金军知道了岳飞的大名。最终的结果是宋军战败，平定军被金军打得七零八落，岳飞虽然成功突围，但平定军不复存在，皮之不存，毛将焉附？他只好孤身回到汤阴，结束了自己的第二段军旅生涯。

第三节　金人入侵

宋、金原本是盟友，在消灭了共同的敌人辽国之后，金人就把矛头直指大宋，这有点儿过河拆桥的意味。那如何让自己的行径不受道义的谴责呢？就得找一个响当当的理由。据《金史·宗翰传》记载，宋金和约有一条是把燕云十六州让给大宋，其条件是"无容匿逋逃，诱扰边民"。

前文提到的辽将张觉降金后又降宋，就藏匿在宋军控制的燕山府，揪住"容匿逋逃"这一项，完颜宗翰没完没了地指责大宋有违约、爽约、毁约、败约的行径，是背信弃义，查证了口实，完成了造势，然后剑指中原。

如果说没有这个借口，金人就不入侵了吗？这似乎有点儿天真，狼若吃羊，还在乎羊站在上游还是下游吗？金人入侵是有预谋的，他们早就被北宋的都市繁华诱惑了，北宋哪儿不比天寒地冻的白山黑水强？另外大宋朝廷腐败、宋军疲弱也给他们提供了可乘之机。归根到底，一统中原的美梦才是金人入侵真正的驱动力。

公元1125年，金人经过十年的征战，终于消灭了不可一世的大辽国。得胜还朝，过一下安稳舒适的日子，应该是老百姓最盼望的事情了吧，但统治集团得陇望蜀、欲壑难填。当初女真人竖起反辽大旗，不过是为了摆脱契丹族的残暴统治，争得一片自由的空间，然而他们在争取自由的战争中，越战越勇，信心越来越大，便滋生了灭辽野心，经过十年的苦战，终于完成了宏愿。这时的金人就不那么单纯了，他们的眼界更高，格局更大，他们的眼睛已经盯上了北宋这头庞大而臃肿的肥羊，他们已经垂涎欲滴，他们要将天下尽归己有。

有宋以来，几代皇帝心心念念的燕云之地，因张觉的叛金投宋而成了是非之地，成了金人发动战争的必争之地，也成了北宋灭亡的导火索。世间事真是变幻莫测，对于这块地：宋太祖一代英豪，苦苦追求却终生未得；宋徽宗因海上之盟便唾手而得。常言道：得易守难。易得之物不珍惜，连原有之物也将被剥夺，燕云之地轻易被宋徽宗收回，可他并不珍惜。

我们看看金人的举动。

首先，东线的金人举动。

公元1125年底，北宋在燕山府等候金国贺岁使的到来，结果贺岁使没等到，等到的却是完颜宗望大军的不期而至，大军杀掉了迎接的宋朝官员，然后直扑燕山府。守城的郭药师常胜军与完颜宗望大军激战于燕山府以东三河县（今三河市），开始时郭药师取得了胜利，可是宋军逐渐力有不逮，最终的结果是战败溃逃，后来郭药师直接降金，变成了金军的帮凶，所以郭药师成了历史上倒戈将军的代名词，此是后话。郭药师的溃败，让宋朝当初花费巨资从金人手中赎回的燕京，又轻而易举地落入金人手里。

其次，西线的金人举动。

就在东线金军已经动手之时，西线已经发现了金人有南侵的意图。金人一直纠缠张觉事件不放，打探金人动向的马扩已将金人在河东、河北等地败盟毁约的各种迹象，原原本本地向太原宣抚使童贯做了汇报，然而童贯竟然不信，他觉得金人灭辽只不过一年，竟敢对大宋擅启兵端，真是胆大妄为！他吃惊不小，说道："金人国中百事初定，边境之地就这点人马，怎敢就此做下如许大事？"他对马扩的提醒置之不理。马扩异常激愤，以责难的口气说道："马某观今日形势，金人必乘我边境无备,长驱而入,必须速作提防。"但童贯对金人还是心存幻想,一方面认为马扩是耸人听闻、反应过度,另一方面认为金人不会背盟南侵。他振振有词道"先为不可胜,以待敌之可胜",言下之意,就是先下手的不可能取胜,等待敌人来犯时再给他致命一击才会取胜。因此他毫无防范,臆想着金人不会真的入侵。在我们看来,北宋的封疆大吏已经获得情报,知道敌人即将来犯,却仍然歪理邪说,不提早布防,北宋不亡还待何时?

正当童贯鬼迷心窍、心存幻想之际,完颜宗翰接连派使者送来声讨檄文,措辞激烈,呵斥问罪,这些檄文就等于金人向北宋宣战。事实上,战书到达之日,完颜宗翰已经从云中府(在今山西大同)起兵,攻下了北宋的忻州和代州等地。想那完颜宗翰也熟读《孙子兵法》,知道"不战而屈人之兵"的道理,眼下金人就是要河东路、河北路土地割与金国,两国以黄河为界,如果大宋照办,就要与金屈辱和谈,否则,以灭你家国、毁你宗庙相威胁。

马扩的预警应验了,但童贯的不作为导致太原危机、河东路危机。危急时刻,童贯想的不是御敌之策,而是自己的身家性命,他得为自己的临阵脱逃找一个冠冕堂皇的说辞啊。正好金人胁迫大宋割地求和,总得有人入朝禀报,何不趁此开溜。于是他召开紧急会议,商议入朝禀报金人败盟的事,为自己找到了一条金蝉脱壳之计。

童贯在临行前还装模作样地坐衙议事,告知河东安抚使、太原最高行政长官张孝纯，鉴于当前金人已经败盟入侵，自己将于第二日回京，向朝廷禀报议和的大事，太原与河东抵御金军之事就由他做主。张孝纯深感意外，竭力挽留却遭到断然拒绝。张孝纯怒发冲冠，破口大骂，大闹府衙。这时的童贯，不管你如何骂他、损他、激他，都丝毫改变不了他的去意，童贯一行人还是奔汴京绝尘而去。

童贯开溜之前，马扩上了一道札子，大意是说完颜宗翰虽然毁约败盟，两路来侵，但仍然对我大宋心存顾忌，具体说来：一是顾忌郭药师麾下的常胜军勇于战阵；二是顾忌我河东、河北两路各州坚城可守，终不能攻；三是顾忌我敛收军民守城，养锐而不轻易出战；四是顾忌我几路大将，照应各路州城，待其无功而退，则大举出击，前后伏击掩杀。此乃金贼之"四忌"。现在战争才刚刚开始，侵我大宋境内的金贼军马还不多，当务之急全在于随机应变，尽全力筹划抵御之策。如果马扩的建议得到认可并且实施，或许可以改变历史的走向，或许"靖康之难"不会发生，但历史没有假设。

西线的金军对太原久攻不下，太原军民在金人的"锁城法"中苦苦支撑了八个月，拒绝了完颜宗翰的多次劝降，体现了矢志报国的大无畏精神。大宋朝廷两次救援太原均告失败，最终城内因受困太久而粮草断绝，甚至出现了"人相食"现象，这意味着这座孤城的坚守已经支撑到了极限。太原保卫战，严重地迟滞了西线金军与东线金军会师汴京的战略部署。所以公元1126年正月，东线的完颜宗望在攻下燕京之后，只能单挑汴京,在主战派李纲的坚守下,金军未能破城,只好退回黄河以北。

最后,东西两线的金人,兵合一处的大举动。

靖康元年十二月,西线的完颜宗翰在荡平太原之后,疾驰南下,与东线完颜宗望兵合一处,会师汴京城下,对北宋的首都发起了毁灭性攻击。靖康二年,北宋都城汴京被金军所破。入侵的直接后果就是"靖康之难"的发生,然而入侵才刚刚开始,不尽的苦难还在后头。

第四节　三入军门

"靖康之难"这一年,河东路的平定军被完颜宗翰剿灭,岳飞九死一生,杀出重围,只身回到汤阴老家。而汤阴的景象那叫一个凄惨悲凉,金兀术(完颜宗弼)占领汤阴后,金军所到之处,纵兵烧杀抢掠,只见房倒屋塌,田荒草败,尸横枕藉,让人目不忍睹。幸存下来的人几乎都是老弱病残,衣不蔽体,食不果腹,绝望哀号声让人耳不忍闻,简直就是人间地狱。岳飞怒从心头起,对金军那叫一个恨,恨不能立马拉起一支队伍,直杀向金军的老巢,为乡亲们报仇雪恨。就在这时又传来了相州城大量招兵的消息,岳飞抱着不把金人赶出中原、誓不还乡的决心,毅然决然地第三次投军。

如果说第一次投军还有些热血青年的冲动,第二次投军是被窘迫的生活所逼，那么第三次投军完全是为了抗金报国，这才是军人应有的特质，应有的品格，应有的血性。然而第三次投军，前途更加凶险。虽然岳飞杀敌无数，凭借战功屡屡升迁，由一个普通士卒成长为颇有威名的军官，但后来由于越职进言，被革除军籍，逐出军营。

话说岳飞这次到相州投军，听闻招兵的可是来头不小，据说是宋徽宗的第九子、宋钦宗的御弟、被封为天下兵马大元帅的康王赵构。细心的人可能要问：康王赵构不是在金人第一次攻打汴京时，与太宰张邦昌被金人胁持做人质去了吗？是的，没错！那他此时此刻如何到了这里？据民间传说，赵构去金国做人质，半路上逃跑回来了。南宋著名词人辛弃疾在《南渡录》中就有一段"泥马渡河"的故事，很是精彩，说康王赵构从金人的营帐逃跑了，他疲于奔命，跑到磁州的一座庙里，累得昏昏睡去，梦里忽见一个神人指点："金人追及，速去之！已备马于门首。"赵构一激灵醒来，出门果然就看见一匹马，于是上马狂奔，等渡过黄河时才发现，胯下这匹马纹丝不动了，再一看，原来是一匹泥马。其实赵构做人质时并没跑，真实的历史比民间故事更可笑：赵构被金人当成冒牌货"退"了。据《宋史》载，靖康元年（1126年）春正月，金兵围困汴京城，要求北宋皇子出面议和，并要求一位皇子亲自护送金军北渡黄河，太宰张邦昌陪同康王赵构前往，之后就被扣下做人质。但二十岁的赵构表现出神情自若的样子，完颜宗望一看他的神情就开始怀疑他的身份，认为他不像个皇子，经过多次试

第二章　岳飞屡次从军

探,更确定他是个冒牌货,并指责宋廷为什么如此不守信用,竟然拿一个冒牌货"顶缸"。在完颜宗望的心里,宋朝皇室子弟个个都是胆小如鼠、懦弱无能的家伙,如今搞出这么个大义凛然的冒牌货蒙他,因此要求"退货"。宋廷没办法,最终以肃王赵枢取代赵构为人质,就这样康王赵构被释放了,被"退货"的康王赵构又回到他先前担纲的天下兵马大元帅的位置。

让完颜宗望肠子都悔青了的是,那位被退了货的"冒牌货"竟然是真皇子,且于徽钦二帝被掳的当年五月,那"冒牌货"却南渡至应天府(今河南商丘)继承大统,史称宋高宗,改元建炎,所以靖康二年也是建炎元年,两个年号重叠,这种情况往往是一个朝代取代另一个朝代时才会出现,却在同是赵家天下的局面中出现,标志着南宋正式取代了北宋。那"冒牌货"建立的政权就是南宋,不久后迁都扬州,此后又多次辗转,最后定都临安(今浙江杭州)。知道真相的完颜宗望,也许差点唱起了京剧"嘚嘚,呛呛,我悔不该……"

话又说回来,赵构现在招兵买马就顺理成章了,他有皇家血统,又是兵马大元帅,这是要倾全国之力与金对抗啊,真是国家幸甚!岳飞的第一感觉就是把金人赶出中原有希望了,杀敌报国的机会来了,北宋的悲剧就要谢幕了,未来充满了一片光明。所以,他信誓旦旦地投入到了挽救北宋的危局之中。

自古忠孝两难全。一面是一家老小需要他顶门立户,一面是江山社稷需要他杀敌报国。岳飞陷入了两难的抉择,舍小家吧,苦了母亲和妻儿老小;舍大家吧,家仇国恨无以为报,椎

心泣血。

特别是老家汤阴已经沦陷,兵荒马乱的家里没个男人日子怎么过呀?母亲姚太夫人已经寡居多年,弟弟岳翻尚未成人,长子岳云年方八岁,次子岳雷仅几个月大,我走了谁来照顾这个家?想到这里,岳飞心里在滴血,尤其是妻子刘氏抱怨道:"你也不想想,你一走,这地谁来种?庄稼谁来收?老的老,小的小,吃喝穿戴谁来管?你去当兵,吃皇粮,穿好衣,让我们娘儿们留在家里冻死、饿死呀?"岳飞深深地叹了口气:"夫人说得有理,可是我不去投军,就只有留在家里做亡国奴,不是被金人抓去,也是被金人杀死,与其那样死去,倒不如一刀一枪,死在战场上!"刘氏讥讽道:"连皇帝都救不了这个国家,你有多大本事?还不是白白送死!"岳飞道:"如果人人都这样想,那就只好听凭金人宰割了!"这时还是岳母姚太夫人的一句话坚定了他投军的决心:"不用说了,老大说的是对的,没有国,哪来的家!你放心地去吧,家里的事有娘支应!"岳飞一下子扑倒在这深明大义的老母亲膝前,哽咽着喊了声:"娘!"他背负着慈母的热望,义无反顾地走上了抗金救国的疆场。

在《说岳全传》中,为了渲染岳母姚太夫人的深明大义,作者用大段笔墨来描写"岳母刺字"的感人场面,岳母姚太夫人在岳飞的后背刺上"尽忠报国"四个大字,其用意之深,至今仍有教育意义:一个人的成长,父母才是孩子的第一任老师,深明大义、传导正能量对一个人成就一番事业是多么重要，无论富贵还是贫穷，无论父母的文化水平高或低，父母的言行和家风会影响孩子的一生。"天生兵学家"蒋百里也好，中国近代思想家胡适也罢，都是父亲早亡，在谈及母亲时都不无深情地说，是母亲对其有重要影响。母亲的一句话打开了岳飞的心结，也是母亲替岳飞在纠结当中作出了选择，更是母亲在忠与孝面前让他舍小家为大家，这是怎样一个贤良淑德的母亲！难怪岳母在中国历史上被誉为"四大贤母"之一。

岳飞第三次投军，来到了元帅府前军统领刘浩帐下。岳飞在成为抗金大英雄前，与刘氏将军有不解之缘，首入军门就受到刘韐将军的赏识，三入军门又受到刘浩将军的青睐。不得不说，两位刘将军的确是慧眼识珠。在刘浩的麾下，岳飞得到了难得的机会。岳飞的确是个军事奇才，他在战争中学习经验，他在战争中快速成长，他在战场上初试锋芒就屡立战功，他的胆量和谋略再次得到了认可，他坚守着抗金报国的铮铮誓言，他要背负起重整河山的重担，他迈出了抗金英雄的脚步。

第五节　初露锋芒

靖康元年，二十四岁的岳飞第三次投军，由天下兵马大元帅康王赵构统辖，归前军统领刘浩节制，岳飞奉命带三百骑兵侦察时两次遭遇金军，均奋勇当先，大败敌军，被授予承信郎。之后又转归副元帅宗泽节制，与宗泽的一万人马前去汴京支援，与金军接连十三战，每战皆胜，因军功升迁为修武郎。第二年，他随军转战曹州，身先士卒，大败金军，追击数十里，二十五岁的岳飞因功升为武翼郎。

公元1126年，即靖康元年，在完颜宗望第一次兵围汴京的紧急时刻，宋钦宗号令各路军马速来勤王。元帅府接报，便派前军统领刘浩开往集结会师之地——李固渡。李固渡今人知之甚少，当年可是名噪一时，史以文传嘛！"南宋四大家"的范成大以此为名作了一首诗，诗云"列弩燔梁那可渡？向来天数亦人谋！"[1]而岳飞在相州府正好投到刘浩麾下，奉刘浩的命令前往滑州的李固渡侦察敌情。岳飞亲带一支三百人的骑兵小队，不停地搜索前进，待搜索到一个叫侍御林的地方，恰与金兵遭遇。岳飞毫不含糊，遇敌则迎头痛击，一马当先，一枪就把敌军将领挑于马下，金军见状狼狈逃窜。接着在滑州南又与金军遭遇，岳飞也不畏惧，奋勇当先，仅仅以百骑的兵力就打败了数倍于己的金军。虽然是规模不大的两场战斗，但极大地鼓舞了抗金的士气，岳飞的勇敢和武艺也初露锋芒。因而岳飞被授予军中最低品阶的军官——承信郎，按宋制是第五十二阶、从九品。

李固渡会师受阻，勤王的计划眼看无望，前军统领刘浩大军只得随元帅府主力北上，北行二百多里才赶到大名府。正好副元帅宗泽也匆匆赶到。宗泽想与兵马大元帅赵构商议另图他

---

[1] 引自南宋诗人范成大的诗《李固渡》。

径回京勤王的事宜，可大元帅对勤王一事并不热衷，又不能明目张胆地违抗君命，只好做点表面文章敷衍一下，从几十万大军中抽调一万人马拨给宗泽，令其回京救援，自己则与汪伯彦等率主力部队朝着背离汴京的东平（今山东东平）方向转移。

岳飞跟随宗泽回师汴京，一路向南大约行军一百五十里到了开德府（在今河南濮阳）。开德府前身叫澶渊州，宋与辽缔结"澶渊之盟"正是在此地，一百年后澶渊由州升格为府，宋与金人却要在这里开战。靖康元年，岳飞初次成为宗泽的部将，进军开德府，便接连与金军大战十三场，而且每战必捷。特别是在一次战斗中，岳飞远距离地箭射两名执旗手，打乱了金军的指挥系统，趁机击溃了敌人，充分显示了箭术高手的才能，不愧是周同的高足。有一次岳飞率领骑兵，趁敌人不备猛然发起了突袭，金军丢盔弃甲，岳飞便掳获了一批军械，为宋军平添不少家当。战场上的岳飞表现得异常英勇，因战功卓著，<mark>升任为修武郎，由最低的五十二阶跃升八级为第四十四阶、正八品。</mark>

公元 1127 年，即靖康二年二月，岳飞跟随副元帅的大军转战于曹州（今山东菏泽），这里可是地势平坦、沃野千里的大平原，没有山峦，无险可凭，打不了游击战，也打不了山地战。这里是冷兵器时代大规模作战的理想战场，攻防透明。如果两军对垒，那就是实力的较量，谁有实力谁就可能占上风，但有时候将领的勇气和士气更重要。面对杀气腾腾的金军，岳飞用他的勇气和胆量说话了，他又一次身先士卒，率领宋军直接冲入敌阵,与金军展开了白刃战、肉搏战。金军自从南侵以来,一路上所遇宋军都一触即溃,甚至望风而逃,在曹州遇到这么个狠角儿还是第一次,心想有不怕死的人,却没见着这么不怕死的。岳飞的马队一顿冲杀、一顿狂打,直杀得金军队列不整,死伤无数,金军一看实在是讨不到便宜了,大败而逃。岳飞杀得红了眼,哪管金军的败退,又追杀溃逃之敌数十里才肯收兵。这一仗,够得上战役规模了,让金军知道宋营中有个令人胆寒的人——岳飞。这一仗,岳飞又凭军功<u>升迁为武翼郎,又跃升两级为第四十二阶、从七品</u>。

  崭露头角的岳飞,打了这么多胜仗,的确使宋军士气大振,也增强了他抗金报国的信心。然而岳飞一个人能够扛起大宋的江山吗?一个人能扭转北宋的败局吗?回答是否定的。北宋的灭亡是个定局,除了金人大兵压境的外部势力之外,更可怕的是宋廷内部腐化堕落,人心向背。作为天下兵马大元帅、徽宗的皇子、钦宗的御弟,赵构在汴京遭到金人围困的危难时刻,毫无悲悯之心,不是想方设法回京勤王,而是自顾自地保命偷生。这个在金人面前表现得气定神闲的元帅,如果对宋廷忠心不二且又指挥若定,只要所率领的大军南渡黄河,再加上宗泽、岳飞等将领的奋力拼杀,或许可保汴京不破。然而这个大元帅却消极避战,眼见宗泽、岳飞等与金军苦苦鏖战,不论怎么损兵折将,就是按兵不动,不去支援,只知保存自己的实力。宗泽所率兵马尽管对金军作战也取得一些小胜,然而以小击大,仿佛以卵击石,难以伤及金军围困汴京的气势。最终宗

第二章 岳飞屡次从军

泽、岳飞等孤军难支,汴京之围终究未解。汴京城破之日,金军洗劫一空,掳走徽钦二帝、在京的皇室成员、朝中大臣等后北归,北宋从此亡国。

金人北归之前,还不忘扶植一个伪政权,推举宋朝宰相张邦昌建国称帝,改国号为"楚"。所以在南北宋过渡的当口,还有一个"短命"的伪政权"楚"王朝,尽管存在时间很短,甚至未满月就夭折了,是今人大多不知道而且也不愿知道的历史,但历史不管你愿不愿意,"楚"王朝确实存在过。张邦昌还算有些自知之明,知道自己的皇帝头衔名不正,言不顺,既不是兴兵打下的,也不是前朝禅位的,不过是北宋灭亡后金人扶持的。金人撤走后,他也难以取信天下人,必定被群起而攻之,与其被推翻砍头、诛灭九族,莫不如还政于赵。因此,在金兵撤走后,他赶紧与手握兵权的天下兵马大元帅联络,奏请这位康王赵构登基,恢复大宋的国号。于是,赵构在徽钦二帝被掳走后,就迫不及待地于五月初一在应天府继皇帝位,改元建炎。

现在我们分析一下,从汴京被围时赵构采取消极的救援态度,到二帝被掳后马上就登基的一系列操作来看,他对徽钦二帝被俘是放任的,甚至是乐见其成的。赵构是何等聪明!他知道只有徽钦二帝被俘,他才有继承大统的可能,这可是千载难逢的机会啊!他也知道当时的金军尽管已经灭了北宋,但是天下归宋的人心亡不了,面对异族和大宋,人们自然会毫不犹豫地选择大宋,因此金人想要彻底亡宋是没那么容易的,他就是想借金人之手,不费吹灰之力地扫清他登基之路的一切障碍。这一招棋他算准了,赢定了,他是"靖康之难"中的唯一大赢家。

精忠报国的岳飞做梦都想不到,权力斗争竟然如此残酷。他哪里知道利欲熏心和罔顾生命是画等号的?他哪里知道最高权力者的政治谎言极具欺骗性?所以他至死都不明白为什么信者无罪,但执意践行者就是罪大莫及。他也永远不明白逆鳞为什么不可触,一生深陷政治旋涡而不自知。

第六节　结识宗泽

在那个"国破山河在"[1]的中原大地上,在那个"胡马度阴山"[2]的靖康元年,六十七岁的宗泽和二十四岁的岳飞成了金人南侵的梦魇。一个是天下兵马副元帅,一个是刚投军就初露锋芒、冉冉升起的一颗将星。他们在抗金的道路上彼此欣赏,他们在精忠报国的信念上如出一辙。对于这一老一少,后世的人每每提及,无不交口称赞。宗泽是岳飞的伯乐和恩师,也是岳飞一生中最为重要的贵人,更是岳飞成长为抗金英雄乃至成为一代名将的指路人。

---

[1] 引自唐朝诗人杜甫《春望》的诗句:"国破山河在,城春草木深。"
[2] 引自唐朝诗人王昌龄《出塞二首》的诗句:"但使龙城飞将在,不教胡马度阴山。"

宗泽，是南北宋之交在抗金斗争中涌现出来的杰出的军事家，是我国历史上著名的英雄。公元1126年初，金人南侵，汴京告急，北宋告急，这时的宋皇才真正感受到，国难思良将，时艰念诤臣。危难之际，宋皇起用了隐退在家的宗泽。当时北宋的形势非常糟糕，太原即将不保，在派驻河北路、河东路的官员都借故不到任的情况下，宗泽却不推辞，愿意领命前往这个战争最前沿的州府，出任河北路磁州知州。

宗泽一到磁州就积极备战，加固城池，修理兵器，筹集粮草，招募兵勇，一个目的就是守城抗金。为了发挥群体抗敌的效应，他制定了五州联动机制，如其一州被击，其余四州迅速应援。宋钦宗大赞，他被擢升为河北义兵都总管，多次率军击退来犯的金兵，坚守着北宋的北大门。同年十一月，金兵分东西两路先后抵达汴京，再次包围了北宋都城，宋皇任命康王赵构为天下兵马大元帅，宗泽为副帅，并且下令起用河北兵马赴京勤王。虽然大元帅反应冷淡，但副元帅宗泽立马率军奔赴勤王集结地的李固渡，途中遇敌，迎头痛击；后又率军奔赴开德府，与敌军开战十三场，且每战必捷。岳飞就是在这几场战斗中初露锋芒的。

建炎元年即靖康二年，北宋灭亡，宗泽任汴京留守，此后随着京都南迁，北宋原都城汴京不复存在，所以始称开封府。在镇守开封期间，召集王善、杨进等义军协助防守，并任用岳飞等人为将，特别是派壮士夜袭金营，攻破三十余寨。开封赢得了靖康之难后的安宁，宗泽也赢得了极高的声望，金人听到他的名字，既尊重又害怕，与人谈及，言必称"宗爷爷"。这是怎样的一位英雄？连敌人都对他赞赏有加。他恢复了开封的正常秩序，多次力邀高宗赵构还都汴京，并制定了收复中原的方略，怎奈赵构铁了心移驾东南，对汴京和中原不感兴趣，所以还都未允，收复中原不纳。

1128年，六十九岁的宗泽深感即将走到人生的终点，还都无望，收复中原化为泡影，一片赤诚付诸东流。他情不自禁地叹息道："出师未捷身先死，长使英雄泪满襟。"[1] 他在弥留之际还念念不忘北伐，连呼三声"渡河！渡河！渡河！"遗憾而逝。这又是怎样的英雄气节！真的是感天动地！

后人评价："宗泽虽未能实现驱逐金兵、收复失地、恢复宋王朝大一统的宏愿，但他坐镇抗金前哨的开封，阻止并粉碎了金兵的大举进犯，保卫了南宋王朝的半壁江山。"

打退金人，迎徽钦二帝还朝，一雪靖康之耻，这是宗泽此生未了的心愿。这心愿将托付何人？谁又能扛起这宏图伟业呢？宗泽选择了岳飞，时代选择了岳飞，历史选择了岳飞。

虽然，岳飞结识宗泽的时间不足三年，然而在这三年的时间里，宗泽看到了岳飞就是未来的自己，看到了洗雪靖康之耻的希望。他感到欣慰，所以欣赏他，提拔他，重用他。

三年里，岳飞虽在宗泽麾下效力，但官阶职级相差悬殊。而宗泽很了解低级军官的动态，那个驰骋疆场、用生命搏杀的

---

[1] 出自唐朝诗人杜甫《蜀相》的诗句。

第二章 岳飞屡次从军

岳飞，他了如指掌，因为每战必捷的战报都赫然有岳飞的名字，所以他非常欣赏岳飞。欣赏岳飞是因为他治军严明，军事素质过硬，作战勇敢，有勇气、有胆量，但他个性鲜明，对同僚多有得罪。有一次岳飞和同僚发生了冲突，本来岳飞应该被军法从事，因为宗泽欣赏岳飞的才华，认为他是抗金不可多得的人才，所以选择了维护他。有宗泽这样的上级，岳飞终身受益。宗泽虽然维护但不庇护，肯定他的优点的同时也历数他的不足。

宗泽说："你作战英勇，只要控制好脾气，日后必成大器。"明眼人都知道，铺垫之后的话才是重点，"你和金兵作战，过于随心所欲。才华固然重要，但也要按兵法行事。"面对宗泽的关爱，岳飞却回答道："兵无常势，水无常形，打仗是千变万化的，怎么可能一成不变，全按兵书上所写去做呢？"岳飞一个低级军官竟敢在副元帅面前无礼，这是少见的。由于欣赏他，宗泽非但没有怪罪，反而开始大力培养他。

岳飞因越职进言，投到张所麾下。虽屡立战功，但性格执拗的他又得罪了不少同僚，无奈的宗泽只好又将岳飞招到自己身边亲自调教。岳飞在第一时间向宗泽表示：自己只愿追随恩师，一同抗金。在宗泽大力培养岳飞的同时，还有两位抗金名将被他发掘：一位是韩世忠，另一位便是王彦。

《说岳全传》中，以八千士兵大败兀术金兵十万，听得人热血沸腾，讲的就是抗金名将韩世忠和女中豪杰梁红玉的故事。这位抗金名将韩世忠，多年在河北一带坚持抗金斗争，颇有威名。在靖康元年正月，跟随梁方平守卫浚州（今河南浚县）黄河大桥、抗击金军之时，梁方平惧金溃逃，韩世忠却忠勇不惧，焚烧大桥后退往汴京，后来任河北总管王渊部下的先锋统制。李纲出援太原时，他凭功升任单州团练使。屯驻赵州（今河北赵县）时，他遭数万金军围困，有人主张弃城而逃，被他严词拒绝。当天夜里，天降大雪，他选精壮士卒三百人，出城突袭金军营帐，迫使金军溃散退去。靖康二年，韩世忠加入拥戴赵构为帝的行列，被任命为左军统制，独自受命收复鱼台，击败单州叛军。

王彦虽不如岳飞和韩世忠的名气大，但也是宗泽的爱将。靖康年间，王彦正率领招募的乡勇，在太行山地区和金兵打着游击战。宗泽得知后，第一时间便提拔王彦为地方统制，同时还赐给王彦麾下乡勇一个番号"八字军"。南宋时期，八字军的抗金威名是不逊于岳家军的。因宗泽重用岳飞、韩世忠、王彦等抗金名将，抗金形势一片大好。接连几次击败金军后，宗泽希望渡过黄河打败金军，迎徽钦二帝还朝的意愿变得更加强烈。然而这一切，都被高宗皇帝置之不理，最终宗泽抑郁成疾，自感时日无多，将岳飞、韩世忠、王彦等人叫到了自己床前，说道："我死后，如果你们能渡过黄河，打败金人，迎徽钦二帝还朝，那么我便死而无憾了。"

宗泽是南北宋之交在抗金斗争中的一抹亮光，他用自己的一生，诠释了何为忠臣。也可以说宗泽是岳飞、韩世忠、王彦等抗金名将的人生导师,他把渡河抗金、迎徽钦二帝还朝、雪洗靖康之耻的梦想与重担,都托付给了岳飞等人。

第七节 靖康之难

公元1127年,靖康二年,金军攻下了北宋首都东京汴梁,掳走了徽钦二帝,还俘虏了大批赵氏皇族、后宫妃嫔及公卿朝臣等三千余人,一同北上金国,开启了漫漫屈辱的流亡生涯。汴京城财物被劫掠一空。堂堂一国皇帝被贬为庶人,一国太后被贬为婢女,皇后嫔妃沦为娼妓。

城破之日,屠杀军民,抢夺财物,烧毁房屋,侮辱皇室,奸淫妇女……桩桩件件,真是惨绝人寰,令人目不忍视。奇耻大辱,让人没齿难忘。繁华的汴京城变成了人间炼狱,一百多万人口的百姓十不存一。经过破城、掳帝、劫财的行动后,金人满心欢喜、志得意满,然后兵分两路带着战利品满载而归:一路由完颜宗望押送,有徽宗、郑皇后及亲王、皇孙、驸马、公主、妃嫔等人,沿滑州北去;另一路由完颜宗翰押送,有钦宗、朱皇后、太子、宗室以及孙傅、张叔夜、秦桧等人,沿郑州北行。装载数百车劫掠的文献图籍、珠宝玉器,驱赶着作为奴隶的乐工、匠人、百姓十多万人,只见一路鞭打,只听一路悲号,见闻者无不撕心裂肺却又心余力绌,就那么眼巴巴地望着、痛着、恨着……这场史无前例的劫难,史称"靖康之难""靖康之乱""靖康之变""靖康之耻"。这场劫难导致了北宋彻底灭亡，而这一切都是靖康元年金军两次攻打汴京城的结果。

公元1126年，靖康元年，宋钦宗刚刚继位，还没来得及感受到万人朝贺的欢喜，就迎来了金人兵临城下带来的惶恐。

金人第一次围攻汴京城在靖康元年正月，完颜宗望攻下滑州（今河南滑县），南渡黄河，包围了汴京。汴京守御使李纲顽强抵抗未能破城。幸好这时宋军最精锐的征讨西夏的十万精兵，在种（Chóng）师道的带领下赶到汴京勤王。金人只好胁持康王赵构和太宰张邦昌作为人质，宋廷被迫割地议和，金人方才罢兵而去。宋廷有一次击敌于半渡的大好机会，但寄希望于豺狼的良心发现，友善地护送围城的金军北渡黄河。惜哉！错失良机，为金人第二次围攻汴京积存了有生力量。然而大宋的朝堂上主战派和主和派争吵得不亦乐乎，结果主和派占了上风，如此就要对主战派进行打压和清理，褫夺了主战派李刚和种师道的军权。种师道气愤成疾，一命呜呼；李刚被外放到河北作宣抚使，难有作为。第一次围城，金人没有拿下汴京，这是因为：一是完颜宗望势单，二是主战派顽强抵抗。

金人第二次围攻汴京城在靖康元年十二月，完颜宗翰的西路军从太原赶到汴京，与完颜宗望的东路军兵合一处，四面合围，陷汴京于完全孤立的状态。而且金军做足了功课，封锁了潼关，断绝了精锐的征西大军陆续东来的勤王之路。只有南道总管张叔夜，募兵一万三千多人突入汴京勤王，这是第二次围城之役中唯一的一支勤王军队。

面对金人两路大军的围攻,宋廷没有等来豺狼的良心发现,而是等来了金人龇出更多更凶的獠牙,汴京城陷入了濒死的寂静,内无斗志,外无援军,可以说到了山穷水尽的地步。生死关头,一个人的出现让人眼前一亮,似乎让人看到了希望,这也许是宋廷在绝望中能抓住的最后一根救命的稻草。据《靖康纪闻》记载,此人在城破之前,上到皇帝宰相,下到军民百姓,都对他抱以厚望。这个人的惊艳出场,打破了先前的死寂,宋钦宗钦点他为禁军大元帅,希望他能挽狂澜于既倒,扶大厦之将倾。

谁呀,这么抢眼?不是别人,正是汴京城土生土长的妖人、神棍郭京。他何德何能呢?江湖传说郭京有撒豆成兵的本领,他的六甲神兵降神附体,刀枪不入。击退围城之敌,不要万人,不要几十万人,只要他训练七千七百七十七个六甲神兵,就能确保京城固若金汤,确保城中百姓性命无虞。从皇帝到大臣,从战士到百姓,自金人兵临城下以来,早已六神无主,百爪挠心,濒临崩溃的边缘,听郭京神乎其神地一吹嘘,立刻来了精神,恐惧和焦虑也荡然无存。在今天看来,这个不靠谱的皇帝做了一个更不靠谱的决策,此乃"靖康之难"的罪魁。

尽管郭京是个妖人,是个装神弄鬼的神棍,可他还真不是光说不练。他训练好六甲神兵后,不是被动守城,而是以攻为守。一声炮响,打开城门,他亲率六甲神兵冲向金人的列阵,

而且他不顾年老体迈,冲锋在前,神兵也不顾生死,英勇杀敌,给金军造成了不小的伤亡,让金军大吃一惊。但装神弄鬼一定会原形毕露,等金兵缓过神来,这些六甲神兵不敌金人的金戈铁马,没有几个回合就全军覆没了,而汴京也在这一番操作下陷落了。人们抱以厚望的神人瞬间就变成了骗子,遭到了历代史学家的嘲讽。在《完颜娄室神道碑》的记载中,金人却有另外一种视角,认为这些被后人嘲笑的"六甲神兵",在他们生命中的最后一刻展现了一抹亮色。

无论如何,寄希望于郭京的"六甲神兵"是荒诞不经的,这不是守城之道。一位皇帝和一群饱读诗书的大臣在危难时刻"不问苍生问鬼神"[1],实在是滑天下之大稽。汴京城破之日,正是北宋灭亡之时,然后金人扶植了一个伪政权,立张邦昌为帝,国号"楚"。

靖康之难,连金人都叹息说:"宋朝太无人了。"有人不禁要问:北宋的精兵强将都哪里去了?这里交代一下,在金人入侵之前,北宋的主力军都用来对付西夏去了。当然还有人要问:汴京危急,征西的精兵怎么不回来勤王啊?是的,京畿有难,勤王是第一要义。然而金人吸取了第一次围困汴京的教训,分兵堵住了经潼关前来勤王的唯一通道,几十万征西大军也只能望"京"兴叹了。

再说宋钦宗危难之际褫夺了李纲、种师道的兵权,而用郭

---

[1] 引自唐朝诗人李商隐《贾生》的诗句。

京的"六甲神兵"抵抗金军,的确荒唐透顶。其实更荒唐的是宋徽宗,是荒唐的父子一起酿成了"靖康之难"。宋徽宗还是端王时就是一个蹴鞠高手,球艺高超的高俅就是因球而获宠,登基后高俅便被他擢升为太尉,导致北宋军备废弛,怨声载道,加速了北宋灭亡的步伐。另外宋徽宗也是一个丹青高手、大书法家,他的《瑞鹤图》和自创的"瘦金体"书法,至今仍有很高的艺术价值。此外宋徽宗还是一个"青楼天子",虽然坐拥三宫六院七十二妃,仍然不安于室,竟然到民间狎妓,与著名歌妓李师师有一段难以割舍的艳情。难怪当朝大诗人周邦彦目睹了一切后,留下了"马滑霜浓,不如休去"[1]的酸涩。这就足以说明,龙袍里住着一个纨绔子弟的灵魂,又怎会是治国理政的料呢?宋徽宗生活极尽奢华腐化,采办"花石纲",修建"艮岳",劳民伤财,使得民不聊生。徽宗时期乌烟瘴气,内忧外患:内有农民起义风起云涌,北宋江(《水浒传》原型)南方腊,差点推翻宋廷;外有辽、西夏虎视鹰瞵,特别是金人挥戈南下,北宋岌岌可危。十足的荒唐皇帝,难怪被掳后还被金帝辱封为"昏德公"。一个贪玩成性的纨绔子弟,在万般无奈之下才禅位给他的儿子宋钦宗。然而有其父必有其子,钦宗完全继承了他荒唐的衣钵,仅仅在位一年,大好的北宋江山就烟消云散了,二帝也由万人朝贺的天子一夜之间变成了任人戏弄的阶下囚。

---

[1] 引自宋朝诗人周邦彦《少年游》的词句。

靖康之难，主观上对汉人集团造成了毁灭性打击，但客观上加强了北方少数民族和汉族的融合。历史上三次大乱：**永嘉之乱、安史之乱、靖康之乱，**都推动了南迁的浪潮，促进了南方的经济发展，完成了经济重心的南移。

靖康之难，北宋王室被俘。只有康王赵构幸免于难，当时他被委任为天下兵马大元帅，金兵围攻汴京的时候，他正在河北相州招募兵马。岳飞的生死和毁誉都与这位康王，即后来的宋高宗皇帝息息相关。

第八节　越职进言

建炎元年，康王赵构即位，是为宋高宗。继位伊始，宋高宗一面假意收复失地，起用了大批主战将领，如李纲、宗泽等；一面倚重主和派之流，采纳了"避战南迁"的政策，向金人求和，偏安一隅。性格刚毅、执拗的岳飞怒发冲冠，坚决反对"避战南迁"。他忘记了自己官微职低，越级向宋高宗上书，坚决反对议和，主张抗战到底。宋高宗岂容小人物的质疑，怒批了八个字："小臣越职，非所宜言。"然后将岳飞的军职一撸到底，开除军籍踢出了军营，结束了他三次投军的军旅生涯。

首先分析一下岳飞被革职除籍的原因。

一是越职行事。岳飞第三次投军的初心，也是他一生最大

第二章　岳飞屡次从军

的热望：打败金军，迎二帝还朝，洗雪靖康之耻。为了初心和热望，他不惜以下犯上，以直触怒，一竿子捅破天。作为低级军官，无论公与私的诉求，只能向自己的直接上级进言，如果解决不了，再由上司向他的上级进言。不得越级，这是规矩，然而岳飞却越过了多个层级向皇帝进言。不管所言何事，仅凭越级行事这一项，就是官场大忌，这说明岳飞涉世不深，胸无城府。即使皇帝不震怒，不革除他的军职军籍，因开罪上司，对他也不会轻饶，定个目无尊长、目无法度之罪，一点也不为过，甚至他还会遭到上司的排挤打压。他的行为的确是一个不合时宜的举动，也不合乎逻辑的行事方法。总之，岳飞给自己挖了个大坑，无可奈何，只能自己跳吧！如果说皇帝广开言路，博采众议，岳飞所进之言就不属于越级行事了，可是皇帝并没有开启这个通道，这也就意味着，岳飞是通过非正式渠道将自己的进言呈交给皇上的。

二是违逆圣意。我们看一看岳飞上书的内容，其意如下："陛下已登大宝，社稷有主，已足伐敌之谋，而勤王之师日集，彼方谓吾素弱，宜乘其怠击之。黄潜善、汪伯彦辈不能承圣意恢复，奉车驾日益南，恐不足系中原之望。臣愿陛下乘敌穴未固，亲率六军北渡，则将士作气，中原可复。"高宗即位之初，是喊过要"收复中原，迎回二圣"的口号，那是初登大宝时笼络民心的一句政治谎言，是一种姿态，是一块遮羞布。可以去信，但不能去做，尤其迎回二圣，那要置高宗于何种尴尬境地？其兄是合法承位者，而自己不过就是个替代品，一旦二圣还朝，就要陷入两难：还政于兄吧，心有不甘；死捏不放吧，恐失民心。是还也忧，拒也忧，只要二圣还朝，必将永无宁日。所以迎回二圣就是高宗的一块心病、一颗定时炸弹。误国奸臣黄潜善、汪伯彦之流为什么深得皇上盛宠？是因为他们摸透了高宗的脉搏，避战南迁的做法甚合圣意，他们虽无半点本事，却能高居相位，伴随皇上左右。然而岳飞却鼓噪，要皇帝御驾亲征，收复中原，这不是有意让皇上难堪吗？并且他直言指斥逢迎圣意的黄、汪两位近臣不承圣意，这不是在打皇上的脸吗？仅凭这一点，不是黄、汪不承圣意，而是精忠报国的岳飞违逆圣意。

　　三是不顾忌惮。有宋以来，文人治国的方略未曾有变。为什么呢？因为北宋皇权的获得源于一场兵变，而那场兵变的主角正是宋太祖，如果不是武将的权力过大而不受节制，如果不是武将的影响力胜过皇上，就不会有黄袍加身，所以宋太祖执掌政权以来，对武将兵权的忌惮达到了无所不用其极的地步，武将的功高震主才是皇上的噩梦。现在看来，宋朝文人治国、文人掌军、文人打仗就顺理成章了。后世人一直评价宋朝文弱，其不知正是宋朝皇帝所愿。至于抵御外族的侵略，只能放在第二位。北宋建国前就有辽国存在，摩擦不断；不久又出现西夏政权，当金军南侵之时，北宋的兵马大都用于对付西夏；金国的崛起，先结盟后败约，始料不及。宋朝先后有辽国、西夏、金国的虎视鹰瞵，但宋朝皇帝依旧初衷不改，依旧文人治国，说明宋朝皇帝忌惮武将已经积淀到骨子里。可岳飞不明就里地嚷嚷着要克复中原,迎还二圣,那就是不顾高宗的忌惮。对岳飞来讲那是建功立业的荣耀,对宋朝皇帝来讲就是挥之不去的噩梦。

再分析一下高宗批示的八个字。

岳飞越职进言,可以说是冒死进言,得来的却是高宗皇帝怒批的八个小字"小臣越职,非所宜言"。意即你个小小的军官,竟敢超越自己的职权范围,说了不应该说的话。真的是"我本将心向明月,奈何明月照沟渠?"[1]在那个忠言逆耳、谗言顺耳的官场,岳飞落得个革除军职、被踢出军营的下场。也许有的人要讨论,难道熟读圣贤书的宋高宗不懂"先有司,赦小过,举贤才"[2](正当用人之际,先派官员到下面任职,为了调动积极性,赦免部下的小过失,然后提拔德才兼备的人。)的道理吗?宋高宗心里非常清楚这个道理,但他认为岳飞"非所宜言"是直犯龙颜的大问题,是扯下皇帝遮羞布的大问题,是戳穿皇帝谎言的大问题,所以问题很严重,皇帝很生气。在宋高宗看来,岳飞犯的不是可以赦免的小过失。

岳飞被无情地抛弃了,被革除军职,逐出军营,但值得庆幸的是岳飞并没有被杀头(因为宋朝有不杀文人的律令,但并不意味着不杀武将)。但这件事并没有阻止岳飞日后成为令敌胆寒的抗金英雄,只能说自古英雄多磨难了。

---

[1] 引自元代高明《琵琶记》。
[2] 引自春秋时期孔子《论语·子路》。

第九节　四入军门

岳飞因越职进言,被踢出军营。在一个极度扭曲的社会里,投降有功而报国有罪!何等的讽刺!然而国难当头,"志不移,任由之,人生坎坷少怨词。"这句不知出于何人之口的话,充分表达了岳飞此刻的心情。他没有一怀愁情、几多落寞,他深知"怨人者穷,怨天者无志"。[1] 只要是抗金第一线,哪里都是战场。因此,岳飞第四次投军,再度奔赴抗金前线,让我们看到了岳飞"虽千万人吾往矣"[2] 的勇毅。他"以白身借补修武郎",继而升为统领,又升为统制,成为独当一面的抗金名将。

公元 1127 年(建炎元年),时间像定格了一样,大事、难事、突发事接踵而至,议和乞和的屈辱纷至沓来。对于国家来说,这一年是南北宋的分水岭;对于个人来说,这一年是岳飞除籍复入的转折点。因一场越职进言的风波,岳飞被踢出了军营,但他的抗金热情不仅没有因此而消散,反而变得更加坚定。一没有沦落为亡国奴,二没有落草为寇,而是再次奔赴抗金的第一线。"精忠报国"的岳飞,他不相信:皇上除我军籍,我就找不到一支真正抗金的队伍了吗?金军南犯之时,难道找不到一个同道之人?荒烟外,兵安在?瞭望中原,只有大

---

[1] 引自战国荀况的《荀子·荣辱》。
[2] 引自战国孟轲的《孟子·公孙丑》。

第二章　岳飞屡次从军

名府的河北西路军民同仇敌忾，这就是他心向往之的地方。河北西路的招抚使张所是一位享有很高声望的抗金名将，张所在招募兵马，积极备战，岳飞没有犹豫，没有彷徨，飞身直奔张所帐下。

张所与岳飞有相似的一面：也曾竭力反对避战南渡，也曾上书弹劾主张南迁的黄潜善和汪伯彦，也曾要求宋高宗迁都汴京，加强河北、河东防守，用以保护京师，结果也遭到贬黜。然而不同的一面是：张所的官职高、声望大，曾得到宰相李纲的力保，得以在大名府重新招募兵马抵抗金军。

赵构继位之初，假意起用颇有威望的主战派李纲为相，李纲便制定了拱卫京师的策略：举荐宗泽出任汴京留守，兼开封知府，负责开封的防务；举荐张所担任河北西路招抚使；举荐傅亮担任河东路经制副使；开封与河北、河东互为犄角之势，共同抗击金军南下。

也许是英雄惺惺相惜吧，岳飞人生中又遇到一位恩师。张所了解到岳飞当年跟从宗泽征战时勇冠三军的经历，通过交谈也了解到岳飞决心收复河北、以死报国的远大抱负，觉得岳飞是个奇才，是一个可堪大用的将才，一定能成就一番抗金伟业。张所对岳飞寄予厚望，破格将岳飞以<u>白身</u>（罢官者的身份）提拔为修武郎，继而任中军统领。岳飞表现突出，又升为统制。这一切成为改变岳飞命运的关键。从此岳飞再也没有离开过军队，并且成为南宋王朝的一名战功卓著的将领。

张所在河北西路的积极备战，不是停留在声势上，而是落

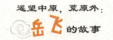

实到行动中。收复卫州（今河南卫辉）是当时的重中之重，因为卫州位于河北西路的最南端，地理位置十分重要，是金军进攻中原的关键辖区，同时也威胁着东京开封府和西京河南府的安全。

因此，张所派都统制王彦率领岳飞等部将向卫州辖区出发。为了鼓舞士气，张所亲自为将士们饯行，亲自送他们出征。岳飞无论如何都没有想到，此一别，竟成了他与恩师张所的永别。

正当张所、王彦、岳飞等抗金名将即将大展宏图、收复失地之时，朝廷的风向发生了大变化，黄潜善、汪伯彦之流掌控了南宋朝廷。避战南迁已成既定事实，为了扫清朝廷南迁的障碍，他们将主战派一一扫地出门。首先，终结了李纲两个半月的宰相之位，李纲收复中原的计划悲情地画上了句号。接着，黄、汪之流开始了疯狂的报复，曾经弹劾过黄、汪二人的张所首当其冲，被找个理由贬放岭南。当时的岭南可是个蛮荒烟瘴之地，就像清朝的宁古塔一样环境恶劣，对于贬谪的官员来说，无疑是身体上的折磨，更是心理上的摧残：让你远离京师，让你感觉被边缘化，让一片赤诚的官员哀哀无告，心如死灰。更加不幸的是张所留居潭州时被土匪所杀，成为又一位"出师未捷身先死"的抗金名将。之后，朝廷也没有放过河东路的傅亮，他的部队按照部署支援收复卫州，但还没来得及渡河，就被朝廷下令废除了河东经制使司。至此，只有王彦、岳飞的小股部队奔袭卫州，河北、河东的抗金主力还未全线出

第二章 岳飞屡次从军

击,就已经接连遭到了毁灭性的打击,南宋初年第一次大规模的官方抗金活动就此结束。

王彦、岳飞带领七千兵马突袭卫州,金军误以为是宋军的主力到了,便派了数万大军将他们团团包围。老成持重的都统制王彦在突围的问题上与岳飞发生了分歧。王彦认为:现在我们是孤军作战,不可轻取冒进,以保存实力为主。而岳飞以为:王彦这是怯战,甚至还怀疑他有投敌倾向。岳飞不顾王彦的军令,率本部人马向金军主动发起了进攻,仅仅激战一天,就夺取了卫州的新乡,生擒金将拓跋耶乌,刺死敌酋黑风大王奥敦扎鲁,取得了收复卫州的小胜。不过此举也引来了金军的全面围剿,王彦一部人马陷入了绝境。

关键时刻,王彦和岳飞都成功突围。但王彦和岳飞的战斗友谊也走到了尽头,要知道王彦是主将,而岳飞是部下,部下违反主将的军令,是何等的罪过?按军令岳飞当斩,还好王彦以民族大义为重,没有斩杀岳飞。冲出重围后,两人因意见不合而分道扬镳。但他们都转入了太行山区,王彦联络当地豪杰组织义军,其麾下的部将都面刺"赤心报国,誓杀金贼"八个字,这就是"八字军"名号的由来。从此,"八字军"名震河北。

而岳飞仍是一小股武装,继续袭击金军,怎奈势单力孤,难以为继。李纲被罢之后,宗泽便成为朝中抗金领袖,岳飞则率部南下开封,再次投入宗泽麾下。不久,王彦及其"八字军"也接受了宗泽的收编。岳飞与王彦都成了宗泽的爱将,当两人再次相见的时候，那是相当的尴尬和感慨。真是乾坤大挪移，原来的主将成部下，部下变主将，岳飞对当年"单飞"一事感到愧疚，而王彦也无颜屈居岳飞之下，遗憾的是两位主张抗金的英雄，最终分道扬镳。

宗泽去世，杜充继任。要知道杜充可是个心胸狭窄的小人，王彦因为被投降派一直打压，被收缴兵权，最后郁郁而终。岳飞则跟着杜充来到了建康，两人的命运从此出现天壤之别。杜充后来投降金国，而岳飞成立了岳家军，成为大名鼎鼎的"岳元帅"，开启了另一段峥嵘的抗金岁月。

第三章

收拾旧山河

> 从头收拾旧山河，四次北伐战功卓。
>
> ——题记

岳飞平生的夙愿，就是"殄丑虏，复三关，迎二圣，使宋朝再振，中国安强"。岳飞是那个时代守初心、担使命的典范，一生"咬定青山不放松"，他的人生轨迹时至今日依然有时代价值和现实意义。他的高光时刻从收复建康开始，他成立了令敌人闻风丧胆的岳家军，三援淮西，四次北伐，战功卓著。在十几年的军事生涯中，尤其在四次北伐中，他成长为军神一样的抗金名将，取得了辉煌的军事成就和战绩，弘扬了英雄精神。

第一节 汴京弃守

建炎二年,岳飞在宗泽的帐下,接连打了几场胜仗,鼓舞了河北、河东抗金军民的士气。然而不幸的是,一代名将宗泽去世,心心念念要北伐收复失地的愿望化作了泡影,大好的抗金形势瞬间发生了逆转。替任东京开封府留守的是杜充。《宋史》云:"(杜充)喜功名……而短于谋略。"杜充上任后立即对宗泽的战略部署反其道而行之。不但不再北伐,不再支援北方民间抗金武装,而且把宗泽已经招抚的抗金武装当作潜在的敌人加以排斥,并于建炎三年弃守汴京。从此,开封这座北宋的王城便沦为金国和伪齐的领土。

建炎二年,黄潜善、汪伯彦之流把持朝政,河北招抚使张所被贬放,河东路经制使司被废除,河北、河东两路的抗金兵马一片混乱,宗泽虑及岳飞离开王彦后一路的战功,决定将岳飞留在军中,但因岳飞冒犯他的上级王彦,所以降官为"从八品秉义郎",以示惩戒。此时,金军又南侵,进犯孟州汜水关。汜水关又叫虎牢关,历史上赫赫有名,因为避讳唐高祖的祖父李虎而改名,汜水关南连嵩岳,北濒黄河,山岭交错,自成天险。汜水关大有"一夫当关,万夫莫开"之势,为历代兵家必争之地。宗泽即派岳飞为<u>踏白使</u>,告诫他"汝罪当死,吾释不问,当今为我立功。往视敌势,毋得轻斗",让他率领五百骑兵前往侦察。岳飞凭借地理优势,射杀金将,大败金军。回到东京开封府后,岳飞被宗泽升为统领,不久又被提升为统制(相当于现在的军长)。

岳飞自从升为统制后,带领近万兵马驰骋疆场,连连取胜。岳飞率部众起先活动在开封北面门户滑州一带,接连在胙城、卫州西的黑龙潭等地与金军交锋,大获全胜;后跟随闾勍(qíng)保护宋皇陵,再次与金军大战于汜水关。岳飞在竹芦渡(在今河南荥阳)驻扎时,与金军对峙,难分胜负。于是岳飞挑选三百名英勇善战的士兵在前山下埋伏好,命令每人将两束薪草交叉捆绑起来,等到夜半时分,举起点燃四端的薪草,造成了一比四的假象,整个竹芦渡立刻烟火大张,火势冲天。金军不知火光中有多少人马奔杀而来,误以为是大宋援兵来了,吓得胆丧魂飞,转身逃命。岳飞乘势掩杀,把金兀术打得丢盔卸甲,抱头鼠窜。这便是著名的竹芦渡之战。这一场战斗,不仅让竹芦渡青史留名,也让岳飞驻兵的营地留下"岳阵图"之名。

"宗泽在则盗可使为兵,杜充用则兵皆为盗矣。"杜充上任后,不但不再北伐,不再支援北方民间抗金武装,而且把宗泽已经招抚的抗金武装当作潜在的敌人加以排斥。义军寒心了,被逼上梁山。丁进、杨进两部首先叛而为"盗",同时王善、张用等部也心怀"鬼胎"。由于杜充对宗泽的战略部署反其道而行之,这年秋天金军虽没有大规模地渡河南侵,但在河

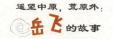

东和河北的最后一批抗金武装活跃的州县，包括北京大名府和五马山寨，也因抗金武装受到杜充的怀疑、排挤，最终落在金人手里。

杜充降金不是偶然的，整个做派就是一个叛徒的嘴脸，无论怎么伪装，都毫无血性，毫无正义。首先，大敌当前他不是统一战线，而是怀疑各地的义军是盗匪，并加以打压；其次，他不是用武装力量来对付金军南侵，而是枪口对内，逼迫义军重新为盗。

当金军扫荡占领区时，杜充却将岳飞随间勍外调，待岳飞奉杜充之命返回开封后，又立即命令岳飞去消灭张用等部。张用是岳飞的同乡，曾当过汤阴的"弓手"，并和曹成、李宏、马友绍等是拜把兄弟，有几万兵力，王善部也从一旁保护。岳飞以"兵寡不敌"为理由，婉言推辞，但杜充以军法从事相威胁，勒令岳飞出兵。因岳飞有过抗命的先例，差一点被杀头，君子不二过，不得已只能以不到千人的部众击退张用、王善部，解了杜充之围。

公元1129年，即建炎三年，岳飞刚刚剿匪回到开封，就接到杜充要撤往建康的命令。一心抗金的岳飞苦苦劝谏，甚至哀求："中原之地，一尺一寸都不能够舍弃。如我军一走，则此地就非大宋所有，他日若想再来收复，非用数十万军队不可。"但杜充一意孤行，岳飞丝毫没有办法，尽管心里有一千个一万个不愿意，也只能随其南下。如果岳飞单独留下抗金，也只会落到与那些义军一样的下场，甚至被诬陷为叛军。至

第三章 收拾旧山河

此，宗泽以兵力和民心战胜金军的计划完全被杜充破坏，不仅收复失地的愿望化作了泡影，而且连开封也将失去。从此这座北宋的王城沦落为金人和伪齐的领土，南宋一朝永远失去了它了。

这个弃守开封、殃及江淮的杜充，不仅没有受到惩处，反而得到嘉奖，竟然被高宗赞许为"徇国忘家，得烈丈夫之勇；临机料敌，有古名将之风"。不仅如此，杜充还得到了升迁，被任命为同知枢密院事，官职仅在左丞相之下，进而镇守建康。

弃守开封，似乎还有说得过去的遮羞理由。客观上毕竟宋廷避难于江南，而开封孤军难守；主观上杜充是到建康勤王，似乎更显忠心。然而杜充假意勤王，实则惧金的心理昭然若揭，消极抗金、积极投降的行为已经暴露无遗。退守建康已成既定事实，岳飞作为部下，实难抗命。可是金国东路军进逼江淮，杜充仍不做准备，整天闭门不出，无所事事，好像建康弃与守与他没有一点关系。岳飞看在眼里，急在心上，哭着向杜充上谏："勍虏大敌，近在淮南，睥睨长江，包藏不浅……相公既然不亲自作战，能保证到时诸将舍命作战吗？诸将既不用命，建康一旦失守，相公还能在这里高枕无忧吗？虽然我以孤军效命，对国家也于事无补啊！"无论岳飞怎么苦谏，都无济于事。杜充照样闭门不出，听任事态的发展。

听到金军渡江的消息后，杜充只敷衍地派了包括岳飞在内的几个将领带领一万多人抵抗，然后奔赴马家渡。其他将领

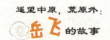

要么战死,要么奔逃,只有岳飞力战金军,整军退屯于建康东北的钟山。杜充兵败于马家渡后不久,就在金人的诱唆下投降了。这一切好像都顺理成章,弃守开封就是向金人示好,镇守建康却毫无准备,明摆着就等着投降金人。这时高宗赵构幡然悔悟,"不食者累日"。他难过地说:"朕待杜充,让他从庶人到官拜宰相,可以称得上厚恩了,因什么缘故反叛?"糊涂的赵构,缺谋的杜充,葬送了开封和建康。

第二节　收复山河

试问岳飞平生功业:"待从头、收拾旧山河,朝天阙。"[1] 岳飞用自己的一生兑现誓言,用行动践行宗泽的未了心愿。岳飞自南下建康以来,首次大败金兀术,取得了牛头山大捷,稳定了南宋偏安江南的政局。俗语云:好的开端就等于成功了一半。牛头山是岳飞收复山河的起点,是一个良好的开端,极具纪念意义。牛头山又名天阙山,所以岳飞词中的"朝天阙"一语双关,大意是等我有朝一日收复了万里河山,一是向天阙山敬拜,二是回朝廷向皇帝报捷。

建炎三年秋,金兀术统领十万大军南下,目的就是搜山检海捉赵构。金兀术一路奔袭,锐不可当,因为杜充的不抵抗,

---

[1]　引自南宋岳飞的《满江红·写怀》。

第三章 收拾旧山河

很快就占领了建康（今江苏南京），接着连破临安（今浙江杭州）、越州（今浙江绍兴）、明州（今浙江宁波）。如果说第一站建康是金兀术预设的战略目标，那么接下来的临安、越州、明州完全是金兀术搜山检海的杰作，是一条追逃路线。赵构一路亡命，直到在明州登船，漂流东海，才摆脱了不习水性的金军的追击，金兀术才没能虏获他。没想到东海成了赵构的避难所。金军见捉不到赵构，气急败坏，大肆烧杀抢掠，收获满满后决定退回北方。就在北撤的途中，经过建康时遭到韩世忠的阻击与岳飞的截杀，这便有了黄天荡大战与牛头山大捷。

黄天荡大战是牛头山大捷的前奏，两位抗金名将第一次水陆分击，遥相呼应，而且一波三折。公元1130年（建炎四年）的元宵节，浙西制置使韩世忠得知金军北撤的消息，就下令在秀州（今浙江嘉兴）张灯结彩，大闹元宵，以毫无防范的姿态迷惑敌军，暗地里却率八千人奔赴镇江，在焦山和金山之间阻击金军。金兀术也是乐极生悲，他觉得一路如入无人之境，又抢夺了那么多金银财宝，可以满载而归了。兴奋过了头，人就会忘乎所以，他觉得南下的时候未遇抵抗，那么北还的时候也将无人敢挡，然而北撤时却遭到了韩世忠的阻击。双方在长江上展开了激战，金军渡江北还之路受阻。

金兀术遇到了顽强的阻击，无计可施，只得向韩世忠买路渡江，表示愿献出在江南掠夺的全部财物。对于金兀术的买路哀求，韩世忠给出的条件是："还我两宫，复我疆土，则可以相全。"这是一个无法满足也不可能满足的条件，金兀术无言

以对，理屈词穷，直至谈判破裂。又过了几天，金兀术再次要求谈判，然而双方都不肯退让，韩世忠愤怒已极，张弓就要射杀金兀术，吓得金兀术慌忙逃窜。

金军买路渡江的计划遭到拒绝后，只能沿长江逆流而上。韩世忠率军沿江追击，金军慌不择路，误入了一条死胡同，这就是鼎鼎大名的黄天荡。这是一个断港，年久淤塞，早已无法通航，只有进去的路，没有出来的路，金军都挤在这一条死港之中，成了瓮中之鳖。韩世忠立即率领人马，将出口封锁，韩世忠夫人梁红玉亲自擂鼓助威，大战黄天荡。如果不是汉奸出现，历史将被改写。历史上，每当国难当头，就会有一批忠臣良将挺身而出，救亡图存，但也总有一些奸邪小人为了一己之私出卖国家利益。正当金兀术陷入黄天荡死港无力回天之际，经由一个奸人指点，说有老鹳河故道可以通秦淮河，于是金兀术动员金军连夜开凿，一夜凿渠三十里，挖通了一条通道，直通秦淮河，进入建康城。

金军虽然逃出死港，一路进入建康城，但后被岳飞阻击，此事回头再讲。话说金兀术从建康北渡长江，但在江面上遭到韩世忠水军更加惨痛的打击。因为韩世忠的舰船都是高大的海船，乘风扬帆，往来如飞，居高临下，对付金军的小船轻而易举，只要用大挠钩钩住敌人的船舷，使劲一拽，敌船就会倾覆江中。

金兀术陷入了绝境，但他没有绝望，因为他知道凡遇难处，必有奸人解围，这就是他绝处逢生的机会。关键时刻，又有一个奸人向金兀术献策：船内装土，上铺木板，在船舷两侧凿洞安置船桨，人躲在木板底下划船，待无风时出击，可用火箭射击大宋的船帆。这么做的理由是：船内装土，可以提高小船的稳定性，使其不易倾覆；铺上木板，使对方无处下钩；无风时出击，可发挥船小且灵活的优势，又可以加大宋船体大、无风难动的劣势，使宋船成为火攻的靶子。金兀术采纳了这个建议，趁天气晴朗，江上无风之日，下令出击，韩世忠迎战江心。果然不出奸人所料，金军火烧宋船，宋军大败。韩世忠只身逃回镇江，于是金军渡江北归。

著名的黄天荡之战虽然失败了，但韩世忠以八千人围困金兵十万人四十八天的战绩的确是南宋抗金史上光辉的一页。黄天荡之战沉重地打击了金兵的嚣张气焰，扭转了宋军总打败仗的局面，大涨了宋军抗金救国的士气。

再回来说，逃出黄天荡的金军，通过秦淮河陆路进入建康城，岳飞早料得金兀术凿通老鹳河逃出黄天荡后，一定会逃往建康城，便在牛头山设伏，只待金军落网。牛头山是建康南面的制高点，可以俯瞰整个建康城，距建康城约三十里左右，因而一直是兵家必争的军事要地。这里是岳飞布局的重点，既可以瞭望金军动向，也便于设置伏兵。岳飞率领部下就地取石，修筑石垒，在金兵必经之路设下埋伏。当金兵抵近牛头山下宿营时，岳飞趁夜色冲入金军兵营偷袭，混乱之中金兵自相残杀，逃出兵营的金兵又被岳飞事先布置在周围的骑兵袭杀。此役杀敌三千多人，俘虏三百多人，缴获兵甲、辎重数以万计，

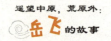

大获全胜。岳飞利用牛头山险要的地形,取得了以少胜多的牛头山大捷。

牛头山大捷,是金兵入侵江南以来受到的最为惨重的一次打击;牛头山大捷,让岳飞声名远播,令朝廷振奋,偏安一隅的宋高宗第一次注意到了这位赤胆忠心的青年将领。牛头山大捷后,岳飞乘胜追击,于建炎四年五月收复了建康。这标志着岳飞收复河山的开始,意味着金军南侵的第一次失败,迫使金军不敢渡江南侵,保证了江南的暂时安稳。

第三节 转战江淮

建炎四年(1130年)五月,岳飞收复了建康,意义极其重大。建康是六朝古都、江淮重镇,金军攻占建康,使得金军拥有了进攻江南的战略支点,拥有了交通补给线,拥有了进退大本营,对偏安江南的宋廷来说极具威胁。因此,收复建康,等于为宋廷建立一道安全屏障。岳飞功莫大焉!岳飞组建的岳家军,成为南宋初年一支重要的抗金力量。这支抗金队伍,在以劣势兵力进攻优势敌人的情况下取得了胜利。这场胜利让岳飞成为民众心目中的英雄,成为皇帝倚重的将领。二十八岁的岳飞,生平第一次得到了宋高宗赵构的召见,让皇上刮目相看,这对平民出身的岳飞来说的确荣幸之至!

鉴于岳飞在收复建康中的表现,抗金名将张浚非常看重岳飞，就想进谏皇上将岳飞派往鄱阳，镇守江南东路、西路。但是岳飞认为驻守建康具有战略意义，就在宋高宗召见时奏请皇上："建康是国家形势要害之地，应该派兵固守，臣认为金人要渡江，必先取二浙，臣愿意率兵守淮，来巩固腹心。"他根据宋金对峙局势做了考量，坚守江淮就能为长江防线上双保险。"守江必守淮"是古代军事战略家的共识。江淮地区经济富庶，水陆交通便利，"守淮"一是保障江淮的经济供给，二是抵挡金军突破江防。镇守建康才是保障江南安全的根本，本固邦宁！宋高宗首先肯定了岳飞收复建康的功绩，然后采纳功臣的建议，顺理成章，对立功、谏言的岳飞大加封赏，赏赐金枪、金带、鞍马、铁铠等物，提高了岳飞在军中的威望，坚定了岳飞的抗金决心。

不久，岳飞被任命为通泰镇抚使，归张俊节制，主要驻守泰州，自此岳飞的战略重心转向江淮战场。

是年七月，朝廷封赐给岳飞更高的职务，但岳飞一心抗金，职务对他来说并不重要，重要的是召集兵马，加强抗金的力量，所以他请求用职务换兵权，但是朝廷未予批准。

这时，逃出建康北撤的金兀术，为了运回一路劫掠而来的大量珠宝，想借助大运河的南北通道一路北行，而素有"淮水东南第一州"之称的运河要塞楚州（今江苏淮安），位于淮河与大运河交汇处，位置极为重要。此时楚州依然掌握在宋军手里，对于金兀术来说这是钉在运河中的一根刺，如不拔出，必将前功尽弃。于是，宋、金争夺楚州之战即将打响。

金军一方是北撤的金兀术与南下的完颜挞懒（完颜昌）联合夹击楚州，志在必得。宋军一方是负责楚州防务的赵立，朝廷还派刘光世领兵解救，岳飞支援。在楚州保卫战打得最艰难的时候，"中兴四将"的张俊和刘光世要么抗命不遵，要么贪生怕死，都远远地躲在江南。负责解救楚州的刘光世"畏金人之锋，不能援扬、楚"，消极用兵，不过是派遣小股部队走个过场而已。

因此，"冒死救援楚州"的重任就落在岳飞身上。

是年八月，岳飞接到救援楚州的诏书后，率岳家军从江阴开拔，经泰州、承州一路杀向楚州，沿途遭到多路金军的抵抗，岳家军虽然兵马疲乏，粮草匮乏，却依然冒着战败的危险，决不退缩。仅泰州到承州就遭到三次截击，岳飞遇兵杀兵，遇将斩将，三战三捷，斩杀金军大将，生擒首领七十余人，打击了金军嚣张的气焰，扫清了援楚的障碍，取得了辉煌的胜利。岳飞继续北上援楚，但在时间上有所迟滞。

是年九月中旬，楚州城中，镇抚使赵立在粮尽援绝的情况下，依然奋勇抵抗两路金军。赵立真是个硬骨头，人在城在，城毁人亡。粮尽援绝是守城最为绝望的时刻，也是最惨烈的时刻。能吃的野草、树皮都被吃光，而攻城的金军却越来越疯狂，火炮、铁石一股脑儿地砸向城中，楚州军民伤亡惨重，赵立也不幸被炮石砸中身亡。赵立战死，楚州不久便失守。

由于主帅刘光世采取观望态度，踟蹰不前，致使岳家军势单力薄，独木难支。如果刘光世真心抗金、全力投入，就不会让岳家军在援楚的路上迟滞一个月；如果刘光世不惧金军、不消极用兵，赵立就不可能陷入粮尽援绝的境地。历史没有如果，岳飞一心想救援楚州，可是赵立战死，楚州陷落，解楚州之围无果。

金军打通了大运河的南北通道，实际上就掌控了两淮水系，也掌握了渡江的要道，极大地威胁着南宋朝廷。岳飞坚守江淮的主张受到了重创，江淮防御体系出现了多米诺骨牌效应：楚州失守，接连泰州失守，泰兴失守。

是年十月，金兀术和完颜挞懒派二十万大军追击到泰州，刘光世仍然采取不抵抗、不支援的政策，甚至抗旨不遵。《宋史》载，楚州被围已有一百多天，高宗亲自写信五次催促刘光世救援楚州，但都被他推脱掉了。因泰州无险可守，再加上敌众我寡，泰州亦不幸失守。岳飞只好退守泰兴柴墟镇，此时的岳飞身中两枪，但他仍然坚持战斗，力战金军，击退敌人的进攻。岳家军终因孤军难支，不得不下令全军渡江，退守江阴。

救援楚州不力，退保泰州不成，岳飞在江淮遭到了连续的挫败，但他并没有因此丧失自己抗金的斗志，更没有放弃收复中原的梦想。虽然刘光世消极应战，但岳飞没有从客观上找理由，也不为自己援楚不利、保泰不成做任何辩护，而是请求朝廷给予自己处分。这是怎样的一种胸怀？怎样的一种格局？历史像一面镜子，会照出那些无能之辈的狭隘和羞愧。

朝廷命令岳飞在江阴就地驻扎，防守江岸。江阴地处江尾海头、长江咽喉，历代为江防要塞，也是名人荟萃之地，是战

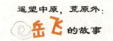

国"四君子"之一的春申君的封地,明代旅行家徐霞客故里。南宋韩世忠曾退守江阴,大诗人辛弃疾曾任江阴签判。所以岳飞驻守江阴,也是名人的一次错时相聚。

在江淮地区,匪患猖獗,他们劫掠城池,抢夺财物,戕害百姓,其恶行不次于南侵的金军。恶贯满盈的贼匪莫过于李成。李成不是普通的山匪,他拥兵数十万,而且盘踞江淮多年,颇有威胁江南之势,成了南宋朝廷的心腹大患。朝廷不胜其扰,不胜其烦。岳飞不仅抵御金军的入侵,还要讨伐为害一方的军贼游寇。岳飞大败军寇李成,劝降张用,诛杀刘经并招抚其部众。

公元1131年,即绍兴元年,岳家军定名"神武副军",岳飞升为都统制。一雪"靖康耻"的抱负还有多久实现呢?

第四节 题记剖心迹

"仲尼曰:志有之……不言谁知其志?"[1]大意是:人有志,如果你不说,谁会知道你的志向呢?岳飞一生志存高远,如果不在题记和诗词中剖白心底的志向和抱负,又有谁真正地了解呢?俗语云:树无根不长,人无志不立。在那个战乱频仍的时代、动荡不安的社会、多求自保的环境里,上自王公大

---

[1] 引自春秋时期左丘明《左传·襄公二十五年》。

臣，下至平民百姓，投降、作奸、落寇者比比皆是，何者？无志也。那么岳飞为什么能在皇帝削职、主将投降、乡党落草等歪风邪气中，不随波逐流，不动摇信念，且泥蟠不滓呢？一句话，初心使然。收复中原、迎回二圣、洗雪靖康之耻的远大志向，已经融进血液，渗透骨髓，笃定泰山。

公元1130年，即建炎四年，岳飞在收复建康之后，退守江阴之前，率军返回太湖西岸的宜兴，而宜兴与岳飞有着不解之缘。据史书记载，岳飞一生去过宜兴七次，岳家军在宜兴抗金平盗，纪律严明，对百姓秋毫无犯，因此百姓感恩戴德，为岳飞建立生祠。建生祠在历史上是少有的事，可见岳飞在宜兴有多高的威望！另外岳飞娶宜兴渔家女李娃为妻，即岳飞的第二任妻子，因姻亲而与宜兴人情同手足。后来岳飞冤死风波亭，家眷充军岭南，平反昭雪后，其三子岳霖从岭南举家迁回宜兴，在当地建了"岳王衣冠冢"，此后开枝散叶，岳飞的后裔成为宜兴望族。

这次返回宜兴，也算忙里偷闲。岳飞到张渚镇好友张大年家做客，老友相见，少不了推杯换盏，酒助谈资、谈助酒兴。岳飞回首八年过往，四次从军，身经百战，热血沸腾。然而话锋一转，北望中原，黎民涂炭，二圣幽囚，怆然泣下。岳飞越谈越激情澎湃，越谈越壮怀激烈，于是提笔挥毫，在张大年客厅的屏风上，洋洋洒洒书就了一段剖白心迹的《题记》。这段气壮山河的题记，足以让后人感受到这位青年才俊"驾长车、踏破贺兰山缺"的万丈豪情，感受到了"待重头、收拾旧山

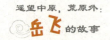

河"的宏愿。

然而年代久远,说法有二:一说题在张大年客厅屏风上的文字称《题记》,一说题在宜兴张渚镇的五岳祠题壁的文字称《五岳祠盟记》。二者内容相似而文句稍有出入,但文不害义,无关宏旨。原文如下:

> 自中原板荡,夷狄交侵。余发愤河朔,起自相台,总发从军,历二百余战,虽未能远入夷荒,洗荡巢穴,亦且快国仇之万一。今又提一旅孤军,振起宜兴,建康之役,一鼓败虏,恨未能使匹马不回耳。故且养兵休卒,蓄锐待敌。嗣当激厉士卒,功期再战,北逾沙漠,蹀血虏廷,尽屠夷种。迎二圣,归京阙,取故地,上版图,朝廷无虞,主上莫枕,余之愿也。河朔岳飞题。

由于语言习惯略有不同,再加之文中用典,所以青少年读来稍有生涩,故作简单翻译,大意如下:

> 自从中原遭受战乱以来,契丹、女真等异族轮番入侵我大宋。我就在河北老家发愤立志,报仇雪耻。最初在相州响应招募,年方二十便从军,至今经历了大大小小的战斗二百多次。虽然没有远征到蛮荒的金国土地,荡平他们的老巢,也总算为报国

第三章 收拾旧山河

> 仇尽了绵薄之力。现在我又率领一支不大的军队,从宜兴出发追击金兵。在建康城一举击败了敌人,遗憾的是没能将敌人的铁骑一网打尽。暂且休整部队,养精蓄锐,时刻准备打退来犯之敌。今后一定激励士兵,鼓舞士气,万望下一次作战能取得完胜。向北穿越沙漠,直逼敌人心脏,血洗敌都,杀尽侵略者。迎回徽钦二帝到京城,使丧失的国土重新纳入我们的版图,使朝廷不再担心外敌入侵,使皇上能高枕无忧,这就是我终生的愿望。河北岳飞题写。

二十八岁的岳飞,并非为自己唱赞歌,更不是为自己勒石刻碑,只是老友见面之时剖白了自己的心路历程,有道不尽的苦衷,有诉不完的心愿,述之于文字,减却了负面的情绪,增益了正面的感受,慷慨不愤世,言明宏愿。如今读来仍是满满的正能量,"文章千古事,得失寸心知"[1]。愚以为:可以看淡得失,务必重视久远。

"题记"也好,"盟记"也罢,总之,是岳飞剖白心迹、自明心迹的誓言,是字字铿锵、句句珠玑的檄文。结构清晰,层次分明。

第一层,回顾从军历史,为立誓做了铺垫。开门见山,"自中原板荡,夷狄交侵",交代了自己身处乱世,表明形势

---

[1] 引自唐朝诗人杜甫《偶题》中的诗句。

险恶,在这种情况下每个人都得做出自己的选择:是做逆来顺受的亡国奴,还是做奋起抗争的抗敌英雄?无疑岳飞选择了后者。接着"余发愤河朔,起自相台",面对国难家仇,发愤立志,报仇雪恨。一句"总发从军",就活画出了怒发冲冠、青年投军的英雄形象。而"历二百余战",自然联想到"三十功名尘与土,八千里路云和月"[1]的峥嵘岁月,岳飞剖白了从小就立下的报仇雪耻的志向。"提一旅孤军,振起宜兴",说明虽然孤军奋战,但是仍然不乏以少胜多的锐气。"建康之役,一鼓败虏",寥寥八字,气吞山河。想那高宗皇帝,乾纲独断,非要避战南迁,然而在建康屁股还没坐稳,金军发兵而至,建康失守,隆祐太后逃往江西,高宗皇帝则逃奔浙西,形势万分危急,幸好仰仗岳飞、韩世忠等精忠报国的将领,屡败金兵,挽回了危局。"恨未能使匹马不回耳",则袒露了几多遗憾。

第二层,直抒胸臆,立下宏誓。"功期再战",收复建康,这些只是阶段性的胜利,直捣黄龙才是终极目标,所以希望下一次作战能取得完胜。"北逾沙漠,蹀血虏廷",而且是穿越沙漠,直逼敌人心脏,血洗敌都。"尽屠夷种",有气吞八荒之势。"迎二圣,归京阙,取故地,上版图",充分体现了岳飞的万丈豪情,以及立下的宏愿。这是他毕生的愿望,

---

[1] 引自南宋岳飞《满江红·写怀》的诗句。

也表露出这位英雄强烈的爱国主义思想和以天下为己任的责任感,我们至今都能感受到其精神激励,至今依然为之肃然起敬。"河朔岳飞题"五字,表明大丈夫做事行不更名,坐不改姓,足以证明其庄严的态度。

岳飞本不以文辞著称于世,然而偶一提笔,"从血管里出来的都是血"[1],笔底流淌的便是一片赤子之情。

第五节 六郡归宋

公元 1134 年,即绍兴四年,岳飞出师大捷,凯歌高奏,收复襄阳六郡。这是岳飞真正意义上的第一次北伐,这是南宋有史以来第一次收复大片失地。襄阳六郡归宋,成为战略要地,这是岳家军重返战场、南宋取得局部反攻的一次大胜利,震惊了朝野,鼓舞了士气。由此南宋中兴初现,使得张皇逃窜、居无定所的高宗皇帝获得了"中兴天子"的美誉。三十二岁的岳飞也因功高盖世,提升为当时最年轻的节度使。

靖康之难以来,一直是内忧外患,女真族不断南侵,军匪盗匪为患无穷,岳飞本来率领的是一支抗击外敌的国防力量,还要肩负起平暴的治安重任,换句话说是军人兼警察,一岗双责,一边抗金一边荡寇。外敌有多可怕,内寇就有多残忍,

---

[1] 引自鲁迅《而已集·革命文学》。

外敌内寇都是颠覆政权、残害百姓的恶势力，必须严惩不贷，决不姑息。绍兴元年，这位抗金英雄大败游寇李成，劝降张用，升为都统制；绍兴二年，大败流寇曹成，杨再兴归附，移驻江州（今江西九江），升为中卫大夫，武安军承宣使；绍兴三年，平定吉州（今江西吉安）、虔州（今江西赣州）叛乱，岳飞第二次被高宗召见，让岳飞荣幸之至的是，高宗皇帝在岳家军的帅旗上，亲笔书写"精忠岳飞"四个大字。仅仅御赐四字，就足以起到对内提振、对外震慑的巨大作用，他的一片赤诚终于得到了皇帝的认可。岳飞的兵权也在逐步扩大，倒戈的牛皋、董先、李道等军都被拨归岳家军，岳家军由不足一万人猛增到两万多人，不再是一支孤旅。

再说金人灭宋以来，不断在中原扶植卖国求荣的伪政权。靖康之难后，金国于公元1127年扶植了短命的伪楚政权，张邦昌任国主，但张邦昌很识相，很快就把政权交还赵构。公元1130年，南宋弃守汴京后，金国又扶植了一个伪齐政权，刘豫为傀儡皇帝，定都大名府（今河北大名），后迁东京（今河南开封）。刘豫可是个助纣为虐、为虎作伥的狠角儿。在伪齐的区域内横征暴敛、严刑峻法，刨祖坟以敛财，抢民女以纵色，生民涂炭，怨谤沸腾；不断诱降南宋逃亡者，捕杀南宋抵抗者。纠集十万余部众，纵跨黄河与淮河之间，横行陕西到山东等地，勾结金军，窥视南宋，伺机作乱。伪齐已然成为南宋朝廷的心腹大患。

公元1134年，针对伪齐在汉襄地区的祸乱，岳飞上书皇帝，"襄阳六郡，地为险要，恢复中原，此为基本"，提出收复襄阳六郡的主张。为什么岳飞把北伐的重点放在襄阳六郡呢？这是因为襄阳六郡西接秦蜀，东连吴越，进可出击中原，退可屏长江天堑，战略地位十分重要。高宗采纳了建议，立刻任命岳飞兼任荆南、鄂州、岳州制置使，即命出兵。然而高宗皇帝作出了选择性的批复，同意收复襄阳，但是又特别强调"不得称提兵北伐或收复汴京"。也就是说只以收复六郡为限，不得越界用兵，否则"虽立奇功，必加尔罚"。从批复可以看出，意在以战求和，并不打算收复中原。"提兵北伐或收复汴京"是高宗的心病，是不可突破的底线，这也为岳飞冤死风波亭埋下了伏笔。虽然是选择性的批复，但毕竟是收复失地的开端，还是让岳飞激动不已。是年四月，岳飞从鄂州（今属湖北武汉）乘船渡江北上。船到江心，他迎着江风，对部属发誓道："飞不擒贼帅，复旧境，不涉此江。"岳飞率三万岳家军，开始了第一次北伐。

五月，岳家军进抵位于伪齐边境最南端的重镇郢州，岳飞先派人对郢州守将、号称"万人敌"的荆超劝降，可荆超仍一意孤行，负隅顽抗。岳飞果断出击，仅用一天时间，一举攻下郢州，杀敌七千余人，荆超跳崖而死。岳飞出师大捷，先下一州。

岳飞攻下郢州后，立即兵分两路，派张宪东攻随州，自率主力直取襄阳府。驻守在襄阳府的正是归顺伪齐的游寇李成，由于李成在江淮曾是岳飞的手下败将，听说岳飞亲率主力直取襄阳，闻风丧胆，弃城而逃。岳飞兵不血刃，一路高歌，拿下襄阳。

然而张宪进攻随州并不顺利，多日攻城不见成效。岳飞命令牛皋率军火速增援。随后宋军发起总攻，岳飞长子岳云手持双锤，勇不可当，第一个冲上城头，宋军一举破城，俘获知州王嵩等五千余人，攻下随州。

六月，金军从河北、河东调来援军，与伪齐军在唐州、邓州等地重新集结，号称三十万，企图反扑襄阳。岳飞审度敌情后，先命一部作为饵兵，至襄阳西北诱其来攻。岳飞率主力从侧翼迂回其后，与饵兵合力夹攻，击退金齐联军。次日，李成又率步、骑十万众再次反扑，他自恃兵力数倍于宋军，但是违背了"步兵利险阻，骑兵利平旷"的兵法常规。于是岳飞采用以步制骑、以骑击步的战法，命王贵率步兵攻其骑兵，命牛皋率骑兵冲击其步兵。宋军将金齐的骑兵挤入江中，金齐的步兵也被冲杀得尸横遍野，江面上浮尸二十余里，俘虏金将杨德胜等二百余人，李成率余部趁黑夜逃亡。

七月，岳飞挥师进攻邓州，命王贵、张宪两军分路向邓州挺进，实施包抄合击。在距邓州三十余里处，与金齐联军展开激战。岳飞督军攻城，又首先登城，生俘邓州守将高仲，收复邓州。接着岳飞命王贵、张宪至唐州以北三十里处，阻击金齐援军，掩护李道收复唐州。同日，崔邦弼军攻下信阳军。岳飞部署好六郡防务后，奉命凯旋鄂州。

襄阳六郡收复之战，自四月到七月，历时百余日。这是黄天荡大战、牛头山大捷之后，宋军收复的最大的一片领土。至此，六郡归宋，六郡为：襄阳府、郢州、随州、唐州、邓州和信阳军。从此结束了伪齐政权对汉襄长达六年的控制，将出入中原的走廊牢牢地掌握在手里，使得整个中部地区的战局得到根本改观。这次战役不仅巩固了南宋政权，更为北伐提供了一个良好的出击基地。

战役取得胜利的消息传到临安，宋高宗对自己认可的青年将领极为满意，兴奋地说："朕素闻岳飞行军极有纪律，未知能破敌如此。"岳飞在三十二岁之时"建节"，被提升为将领中的第五位节度使，也是当时最年轻的节度使。

第六节 开赴伊洛

提到伊洛，人们自然联想到千古帝都——洛阳。实际上八百多年前，岳飞开赴之地伊洛是指包括洛阳在内的伊河、洛河流域。当然，河山拱戴的伊洛文明源远流长，滋养了中华文明数千年，甚至被西方史学家盛赞为"东方的两河文明"，洛阳城熠熠生辉。就是这样一座美丽的城市、一片大好的河山，却遭到了金国的洗掠，现在又落到了伪齐的魔掌之中，百姓苦不堪言，必欲除之而后快。此时岳家军已经发展成为一支拥有三万人的劲旅，以其现有的实力和巨大的影响力，为北伐注入了更大的动力，岳飞再次燃起收复中原、报仇雪耻的热望。

因此，绍兴六年，岳飞请战，第二次北伐，长驱伊洛，克复商州、虢州。

话说岳飞收复襄阳六郡，班师回到鄂州。这里有必要介绍一下南宋大军的布防情况：南宋偏安江南后，以长江为天堑，布防四路大军拱卫宋廷，韩世忠防守扬州，张浚防守镇江，张俊防守采石矶，岳飞防守鄂州，四路大军之外还有吴玠防守川陕。从布防上看，唯独韩世忠防守的扬州处于江北，其余皆处于江南。高宗皇帝做好了布防之后，让人匪夷所思的是又派遣使者去和金军议和，不知是软骨头还是别有用心，使者刚到金营，就透露了韩世忠南撤的信息，所以金军派出两路大军截击韩世忠。岂料韩世忠早有准备，金军遭到了伏击，转而进攻并连续击破了濠州（今安徽凤阳）、滁州，趁势围攻庐州（今安徽合肥），庐州苦苦支撑，等待救援。从位置看，最接近庐州的是张浚与张俊。多说一句，南宋一朝有两位同姓、同音、不同字的朝臣——张浚与张俊，有人混为一谈，认为是笔误。其实，张浚是清官，中兴名相，抗金统帅，曾经是岳飞、刘光世、张俊、吴玠的顶头上司，死后追赠太师，受人尊敬；而张俊是贪官，虽然与岳飞、韩世忠、刘光世并称"中兴四将"，但由于一生贪婪，参与促成岳飞冤狱，与秦桧同跪于岳飞墓前，遭世人唾骂。言归正传，庐州被围，也许是因为汉襄有了战略缓冲，也许是因为岳飞能征惯战、令敌丧胆，竟然舍近求远，求救于五百里之外的岳飞。岳飞接报，率领大军从鄂州出发，火速救援庐州，这是岳飞第一次援淮西。刚刚抵达庐州，岳飞就击败了伪齐军，却发现金军悄然"蒸发"了。原来，金太宗病故，权力更迭，金国南下的将领撤兵，回国稳定局势，伪齐攻势随之瓦解，解了庐州之围。

金齐联军威胁江淮的警报刚刚解除，平定洞庭湖周边的内乱就提上了议事日程。原因是八百里洞庭湖上，掀起了规模更大、持续时间更长的农民起义。南宋朝廷认为杨幺已经成为金兵、伪齐之外的第三大祸患。所以绍兴五年，高宗以右仆射张浚为监军，从抗金前线调岳飞平定杨幺叛乱。岳飞不负所望，一举平定了杨幺叛乱，并从这些武装力量中收编了具有战斗力的士兵，加强纪律约束，使岳家军的队伍逐渐扩大，岳飞加检校少保，进封武昌郡开国公，湖北、襄阳招讨使，升宣抚副使，定国军节度使，已成为与韩世忠、刘光世、张俊相提并论的"中兴四将"。

绍兴六年（1136年）二月，岳飞朝见皇帝，上表建议北伐，得到了朝廷批准。张浚曾向高宗称赞："韩世忠之忠勇、岳飞之沉鸷，可倚以大事。"可以理解为岳飞性格深沉，作战勇猛，是皇帝可以倚重且可以委任大事的良臣。可见岳飞当时在名臣良将心目中的地位。岳飞又一次准备收拾旧山河，是一种怎样的乐观精神和英雄气概！岳家军厉兵秣马，斗志昂扬，整装待发。然而天有不测风云，三月，岳母姚太夫人病逝，如此噩耗，简直是五雷轰顶。因岳父早故，母子情深，丧母之痛是人间至痛，痛如锥心，岳飞几近崩溃，军中大事交与张宪打理，便上书解职奔丧。庐山脚下就是岳飞的"第二故乡"，岳飞在戎马一生中，曾经五次带兵到达江州，虽然去过宜兴七次，但他更钟情于江州，最终将一家老小都接到了这里，终结了四海为家的飘零生活。岳母病逝，高宗赐葬于"卧虎舔尾"的山岗上，这里就成为岳母姚太夫人的安息之地。后来，岳飞冤狱得雪，岳妻李氏从岭南迁回江州，病逝于此，谥封"楚国夫人"，也被赐葬于此。

自古忠孝难两全，一边是大战在即，一边是守孝三载，真是难以抉择，但是岳飞在家事与国事的天平上，自然倾向了国事。岳飞守丧刚足百天，丁忧未满，高宗用"金字牌"降诏发往江州，命令岳飞"起复"还军，岳飞只好"移孝作忠"，毅然决然地踏上了第二次北伐的征程。

七月，岳飞自襄阳北上邓州，然后兵分两路，开赴伊洛。一路由先锋左军统制牛皋、岳云带领，迅速攻下伪齐镇汝军，活捉以骁勇著称的守将薛亨；牛皋又继续东进颍昌府（今河南许昌）直至蔡州（今河南汝南）附近进行佯攻。另一路，岳飞率主力往西北方向进攻。八月，派王贵、董先等攻占虢州（今河南灵宝）的四个县，投降近万人，缴获粮食十五万石；旋即攻占了虢州；王贵继续西向攻克了商州全境；杨再兴收复三县，缴获两万石粮分与百姓，又得马万匹。

牛皋与岳云得胜，岳飞只赏众将之功，岳云所建功绩隐而不报。张浚得知其长子岳云功劳，因叹曰："岳侯畏避恩荣，其子功居第一，皆隐而不纪，廉则廉矣，似未得其公也。"

两个月时间，三十四岁的岳飞破镇汝军，复商州、虢州，剑指伊阳、洛阳。北伐大捷，岳飞上书请示，可将两路兵马兵合一处，与太行义军配合可收复河北，高宗对此事态度冷淡。收复河北的建议未被采纳，岳家军因孤军作战且粮草难以为继，不得不退兵鄂州。

第七节 征蔡州

蔡州的历史比较悠久，春秋战国时期，就有两位名人史不绝书，他们是孔子、李斯。孔子周游列国时，行至陈国、蔡国的边界，由于相貌酷似恶人阳虎，惨遭围困，绝粮七日。李白诗云"华亭鹤唳讵可闻，上蔡苍鹰何足道？"说的是真正的蔡国人，那位奉行"老鼠哲学"的秦国宰相李斯。李斯以老鼠为例，写下人生优劣为环境所决定的著名论断，并因此弃楚奔秦，终成秦国宰相。

故事发生地都是蔡州，可见蔡州在历史上并非无名的地方。蔡州地处河南省驻马店的汝南、上蔡、新蔡一带，自古是八方辐辏、官宦过往、商贾云集、驿差穿梭之地，素有"豫州之腹地"的美称，可以说是收复中原的战略纵深。何以说蔡州是收复中原的战略纵深呢？因为蔡州地处淮河以北，若能占领蔡州，岳家军在收复中原时，军队就有了集结休整的时间，能

避免强渡淮河时被敌人击于半渡之际。

绍兴六年,岳飞第二次北伐大捷之时,本欲乘胜追击,但上书请缨后遭遇高宗冷淡对待。然而高宗对淮南倒是十分热衷。高宗深信岳飞现在正是他身家性命的底牌,便把保卫淮南的希望寄托在岳飞的身上。此次征蔡州便是岳飞的第三次北伐。

公元1136年,即绍兴六年,伪齐刘豫趁岳飞第二次北伐之际,向金国请求支援,这时金太宗已死,原来的当权人物——也是刘豫的靠山——被杀,当权派不同意派兵援助刘豫,于是新继位的金熙宗只让金兀术屯兵黎阳县(今河南浚县)观望。伪齐虽然没有得到金军的回应,却对外谎称是与金国一起进攻;发兵二十万,却对外谎称三十万。伪齐利用了南宋恐金的心理大做文章,忽悠了宋军,震慑了宋军,这一做法确实达到了不战而屈人之兵的效果。南宋守军刘光世和张俊,闻风色变,他们一边请求支援,一边在敌人还未进攻的情况下,自乱阵脚,主动让出坚守的地盘,回撤江南。

刘豫兵分三路向南宋的淮南西路发动进攻:第一路是刘麟攻击庐州;第二路是刘猊攻击濠州;第三路是孔彦舟攻击六安军。这样的部署,正好击中了南宋军事布局中"张俊、刘光世、杨沂中、韩世忠、岳飞分屯诸州,而沿江上下无兵"的弱点。

正当驻屯庐州的刘光世和驻屯盱眙县的张俊准备放弃庐州、盱眙南撤时,在镇江府视师的右相张浚知道后,颇为震

第三章 收拾旧山河

惊。他认为"一旦放弃淮南则江南亦不可保"。他向高宗提出各军掩击可保必胜的策略,并反对调岳家军东下,认为"岳飞一动,则襄、汉有警,复何所制?"高宗接到张浚奏札,认识到守卫淮南的重要性,转而同意张浚的意见,但他仍把保卫淮南的希望寄托在岳飞身上,形势危急,还是下诏急令岳飞火速支援淮西,这便是岳飞第二次援淮西了。

其实,岳飞在刚结束第二次北伐退守鄂州之时,他的眼疾就发作且非常严重了,再加之为母丧痛哭过甚,几乎到了失明的状态,严重地影响了行军打仗。岳家军在返鄂的途中,还未到大本营就接到告急军情,岳飞接到消息的时候,根本没有顾及自己的眼疾,而是快马加鞭地前去支援。

好在有名相张浚督军,张浚下令:"若有一人渡江,即斩以徇!"刘光世等慑于军令,不得不重返庐州,张俊也固守盱眙。伪齐军虽然声势浩大,但没有金人作靠山,其战斗力也是银样镴枪头,三路进攻分别被韩世忠、杨沂中、张俊等部击退。不论是迫于岳飞驰援淮西的威慑,还是张浚督军有方,事实上宋军击退了刘豫的三路进攻,凭火速援淮西足见岳飞的忠君爱国,凭高宗执意下诏也足见其对岳飞的倚重,但是岳飞并未与伪齐军直接交战则为冤死风波亭埋下了伏笔。

保淮第一,北伐第二。淮南既保,江南即保。因此,高宗即刻下令岳飞北伐。绍兴六年十一月,岳飞率领岳家军不顾长途奔袭的疲劳,开始了北上反击——征蔡州。

岳飞征蔡州可以说是一场以少胜多的战例,岳家军几万对伪齐十几万大军。这次征蔡州的对手仍然是老对手刘豫手下的游寇李成,李成与岳飞多次交手,无一胜绩,心中十分恼火,想趁这次蔡州之役,生擒岳飞,剿灭岳家军,以解心头大恨。所以在岳飞到达蔡州之前,李成已经做好了充分准备,正张网以待岳飞。

岳飞到达蔡州之后,立马察觉伪齐军队有诈。作为一名卓越的军事家,要做到知己知彼,才能百战不殆,因此岳飞就使用计策来"诈"出对方真正的实力。首先让董先作为诱饵诈敌,假意进攻。果不其然,伪齐军队驻守的士兵,立马作出有序反应。岳飞知道自己的军队人数不多,因此不能够硬碰硬,就采取了大迂回的战略战术与其交锋。岳飞迅速调整,后队变前队,岳飞在前面返回,董先的部队紧随其后,岳飞知道伪齐军队在周围等待突击,所以让董先故意在后面诱敌,以此引出伪齐军队。果然,伪齐探路的部队出现了,董先抓了几个俘虏获得重要情报,从俘虏的嘴里得知伪齐率领十几万士兵,想要一举拿下岳家军。并且他们已探知岳家军人数不多,而且粮草有限。

于是董先反其道而行之。他让自己的士兵在伪齐军队的必经之处设下埋伏,以此来与李成周旋,为岳飞亲率的队伍大迂回争取时间,然后飞马将情报报与岳飞。董先独身一人等待李成,其实是为了让李成起疑心,这就是兵不厌诈。李成满心疑惑，莫不是掉进了陷阱？就在李成疑惑不解的时候，岳飞亲率的队伍已经闪现在李成的面前。李成知道自己中计了，但是为时已晚。岳家军一顿冲杀，俘虏了伪齐几十员将领、几千名士兵，并俘获三千匹战马，取得了征蔡大捷。

伪齐军大败，李成只身逃脱，本想一举剿灭岳家军的李成被岳家军打得落花流水。岳家军是威武之师，也是仁义之师，对于俘获的几千名士兵，岳飞既没有将他们编入岳家军，也没有杀掉他们，而是让他们回家了。岳飞不仅对国家忠心耿耿，对百姓也是爱惜有加，可见他忠诚又善良。

岳飞第三次北伐的意义重大，拥有了收复中原的战略纵深。岳飞的这次战役使得刘豫元气大伤，再也没有了继续战斗下去的心力，基本上把伪齐颠覆南宋的梦想击碎了，为南宋巩固政权奠定了基础。

第三次北伐，论其规模、声势和战绩，是岳飞四次北伐中最小的。但是，淮西刘光世、张俊和杨沂中三部共同作战，方才打败来犯的伪齐军；而从商州到信阳军，地域更加广阔，岳家军在单独作战的情况下，少数前沿部队仍能击败金齐联军，由防御转入反攻。相形之下，这次北伐显示了岳家军的战斗力。然而由于秦桧父子对历史的篡改，淮西的战绩被夸大了，岳家军的军功却被抹杀了。

第八节 君臣渐离

公元1137年,三十五岁的岳飞遭遇了人生中灾难性的人物秦桧。这个世界就是这样,有矛必有盾,有火必有水,有忠必有奸,我们方知矛盾对立,水火难容,忠奸立辨。秦桧之于岳飞,如同长在身上的一块致命的烂疮,如影随形;脓血污秽你的肌体,直至夺去你的生命,你却无法剜掉它,只能面对它。然而这块心忌体恶的烂疮甚得圣心,高宗赵构嗜痂成癖,视之如人间美味。这种内心的扭曲与变态,必然会滋生君臣的嫌隙。

话说岳飞三次北伐,取得了辉煌的战绩,加二品太尉,升宣抚使。宣抚使一职是战区一级的最高统帅,执掌一路军事及民政,权威大得很。如果是忠臣执掌此职可保国泰民安,如果是佞臣执掌此职则可能导致国破家亡。最典型的例子就是岳飞在十五年前第一次投军时,宋金联盟夹击辽国,那个借蓬使风的童贯就是宣抚使,督视二十万大军,最终闹个丧师惨败的结局,然后花重金从金人手里赎回燕京一座空城,班师回朝却侈谈收复燕京有功,为靖康之难埋下了祸根。教训惨痛啊!如今岳飞提升为宣抚使,唯一的指导思想就是收复中原、洗雪靖康之耻、迎还二圣。

第三章 收拾旧山河

绍兴七年，也是屋漏偏逢连夜雨，行船偏遇顶头风，种种不善一股脑涌来，让人措手不及。哪些不善呢？一是秦桧重掌朝纲，二是迎徽宗棺椁回朝，三是淮西军变，四是高宗出尔反尔。

从人事任免来看，给人一种重整朝纲的希望。宋廷罢免了庸将刘光世之职，而且高宗决定授予岳飞更大的指挥权，"除张俊、韩世忠不受节制外，其余并受卿节制。"这项决定可以说在相当程度上弥补了以往岳飞与韩世忠、张俊、刘光世、吴玠等军不能协同配合的缺陷。抗金英雄岳飞喜出望外，终生的夙愿终于要实现，因此积极备战，做好收复中原的一切准备。然而四月，亡国北掳的徽宗已经驾崩，金人传来消息，可派使臣迎徽宗的棺椁回朝，这给赵构增添了生不敬、死当孝的作秀戏码，因一场国丧白白浪费了大好的抗金形势，同时岳飞的厄运开始了。

为什么这么说呢？因为秦桧在这一刻重新获宠，重掌朝政。这个金人的奸细，开始施展他的把戏了，他要把主战派的重要人物一个个扫出朝廷，去其地位，削其兵权，为其投降卖国开绿灯。如果抗金英雄岳飞执掌南宋大军的指挥权，就会破坏他与金人媾和的企图，所以他瞅准了机会开始抹黑岳飞，说服宋高宗，阻止岳飞掌握太大的兵权，以免功盖天下，功高震主。高宗在秦桧的唆使下当即收回成命，岳飞的北伐计划成了泡影。

八月，刘光世罢官后，淮西军因无良将统率，原属刘光世的部将郦琼等发动叛乱，率军四万余人投奔伪齐刘豫，这就是震惊全国的淮西军变。南宋前沿四大军区之一，顿时成为无兵无防的空白区域，后果相当严重。这成为南宋对金人战略变化的转折点，尽管不久后金人废掉了刘豫的伪齐政权，却也使南宋丧失了一次收复失地的机会，特别是宋廷防范武将权势坐大，为不肯将指挥权交于岳飞提供了口实，名相张浚也不得不引咎辞职。至此，在秦桧的一番操弄下，在主战派与主和派的斗争中，主和派——更直白地说是投降派——占据了上风，岳飞请兵北伐、反对乞和又一次遭到了重创。

九月，刚刚定都建康，各驻地的文武大臣被急召入觐，岳飞奉命进京面圣，进殿奏事，"将陈大计"。什么样的大计让岳飞神秘而得意呢？这个大计能为南宋、为高宗皇帝带来什么样的喜讯呢？人们都愿闻其详。然而岳飞奏事后退出大殿的那一刻，细心的臣僚们发现岳飞面如死灰，进殿时的志得意满消失殆尽，看来情况不妙，臣僚们猜想他一定触逆鳞了。到底是什么大计触了逆鳞呢？待薛弼入殿时，高宗将岳飞的"大计"讲述了一遍。大意是，根据可靠情报，金人打算废掉伪齐刘豫，把宋钦宗的儿子送回开封，立其为傀儡皇帝，意欲制造南北两个宋廷对立的局面。为了粉碎金人的阴谋，最好的方式是确定赵伯琮（赵构的养子）的太子名分。岳飞只承认赵构皇权的合法性，也是为了堵金人的嘴，挫败金人争嗣乱政的阴谋。虽然，在上谏立储这件事上，岳飞明知可能会犯忌，但为国家计,仍然知不可为而为之,正所谓"许国不复为身谋"[1],"岂因祸福避趋之"[2]。

事涉太子,薛弼一听吓个半死,谙熟官场禁忌的人都门清,文官武将不得干预宫内之事,岳飞这是犯忌了,撞枪口了。薛弼陷入了可怕的联想中,不知怎样评价,还没等薛弼开口,高宗把对岳飞的斥责也和盘托出:"卿虽忠,然握重兵于外,此事非卿所当预也。"

薛弼立刻悟到,岳飞死期不远了。据《默记》[3]记载,薛弼出来对张戒讲:"鹏举为大将,而越职及此,取死宜哉!"也许有人会讨论,薛弼的结论是不是有些耸人听闻了!岳飞多么忠于皇上,为了保住赵构的皇位,为了阻止金人的阴谋,上谏立储,怎么会死期不远了呢?原因有二:其一,岳飞身为手握重兵的武将,却公然干预朝政,这是犯了政治的大忌;其二,高宗迟迟不立太子,是因为他认为自己会有子嗣,岳飞如此上谏,就是断了高宗的念想,让赵构非常难堪。

最让赵构遗憾的莫过于公元1127年,即"靖康之难"那一年,赵构唯一的儿子赵旉,年仅三岁,在逃亡的路上受到惊吓而死。江山没有子嗣承继,对于皇帝来讲是多大的悲哀与耻辱!无可奈何,高宗只能从太祖赵匡胤的后裔中挑选两个孩子过继,但赵构迟迟不立太子,是因为他想,如若他以后有了自

---

[1] 引自唐朝诗人柳宗元《冉溪》的诗句。
[2] 引自清朝政治家、文学家林则徐《赴戍登程口占示家人二首》的诗句。
[3] 南宋国子监丞张戒著。

己的子嗣，到那时废立太子阻力更大。可是"拎不清"的岳飞偏偏这时上谏立储，于国来说是断绝金人的阴谋，但是于君来说实属"坏消息"。君臣的嫌隙就此产生了，岳飞的悲剧也就初见端倪了。

虽然岳飞喜读《左传》和《孙子兵法》，但他忽视了一个极为严峻的现实问题，那就是宋朝立国为什么崇文抑武？陈桥兵变、黄袍加身，是宋朝历代皇帝永远打不开的心结，武将权大、功高震主，是宋朝历代皇帝觉得随时会引爆的定时炸弹。兵马大元帅岳飞上谏立储就是引燃这颗炸弹的导火索，君臣嫌隙日渐成为心腹之疾，也为更大的风波埋下了巨大隐患。

第九节　知音少，弦断有谁听

公元1138年，即绍兴八年，南宋迎来了难得的收复河山的大好机会，却白白浪费掉了。首先，金帝新立，政权不稳，无暇南顾；其次，金人扶植的、祸害中原八年的刘豫被废黜了，中原空虚，趁机北伐真是天赐良机。高宗赵构在金与伪齐步步紧逼的时候，能做出北伐的决断；可当北伐的机会真正摆在面前时，他却首鼠两端了。他一方面担心金人一旦被逼急了会放还钦宗，自己失去皇位；另一方面害怕一旦北伐成功，武将跋扈，尾大难掉。所以在奸人秦桧的唆使下，一味避战，专心媾和。岳飞坚决请兵北伐，反对媾和，但他只是一介武将，

第三章　收拾旧山河

君命难违,他苦恼至极。三十六岁的岳飞元帅在夜深人静的时候,发出了"知音少,弦断有谁听"的慨叹。

事情还得从淮西军变说起,淮西军变暴露出一系列问题。起因是庸将刘光世的兵权被解除,这本来是一项正确的决定,但是宋廷没有正确处理好淮西军队领导权的问题,最终导致了淮西军变。刘光世原本是将门世家,作战也曾经很勇敢,为守护南宋的安全也做出了贡献,所以被称作"中兴四将"之一。但在抗金时期,他经常打败仗,而且往往不战而退,再加上贪杯好色,因此经常被人诟病,解除兵柄也不为过。假如刘光世的淮西军被交给一个威震敌胆、又治军有方的名将,如岳飞岳元帅,或许不会出现哗变,可是宋廷并没有处理好。淮西军的郦琼一怒之下带走了四万多人,同时还裹挟十万百姓,一起投降了伪齐刘豫。解除刘光世兵权,是宋廷畏惧武将拥兵自重、欲收回武将权力的一次尝试。

淮西军变,震惊朝野,本来解除刘光世兵权后,高宗赵构决定把淮西军原有的五万人马全部划给岳飞,并且承诺除了张俊和韩世忠之外,岳飞可以调动一切战争前沿的兵马,于是岳飞非常愉悦地回去做淮西军的接收以及北伐的准备。作为兵马大元帅,终于可以举全国之力收复中原、洗雪靖康之耻、迎还二圣了。岳飞信心满满,他的最高理想近在咫尺了,他的心气有多高是可以想象的。然而这一切如同儿戏,高宗突然变卦,这让岳飞有一种被戏弄、被侮辱的感觉,岳飞心里特别郁闷,

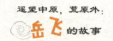

甚至有些不能容忍。但面对皇帝食言而肥，他既无法争辩，又无法回怼。

那么高宗为什么出尔反尔呢？这就不得不说名相张浚了。"名相"只是在高宗一朝相对而言，不是所有的事情张浚都站在正义的一边。比如第一件事，选人失察，错误地举荐了秦桧，给岳飞和宋朝的发展带来了灾难性的恶果；第二件事，用人失当，没有正确处理好淮西军队领导权，导致淮西军变；第三件事，与金人细作秦桧一起抵制岳飞接管淮西军，反对岳飞北伐。

孤傲、耿直，并充满了理想主义的岳飞，感到万念俱灰，不得已以为母守孝为由，愤而辞职，来表达自己的无声抗议。然而张浚闻听此事，愤怒异常，上奏皇帝："岳飞处心积虑，专在并兵，辞职求去，意在胁君。"高宗一听"意在胁君"，极为震怒，心想这是恃宠生骄，必有谋反之心。从此高宗开始忌惮岳飞，再也不信任这个"要挟"自己的大臣，对他只剩下赤裸裸的利用。当然张浚的"意在胁君"的确是添油加醋、耸人听闻。

如果岳飞谙熟官场游戏规则，对皇上收回成命就不会在意；如果岳飞是个老泥鳅，就会唯君命是从；如果岳飞是个顺从的性格，就会任人评说。可是岳飞哪条都不占，他永远无法理解：我若继续居其位，会被人指责贪恋军权，那么我就辞其职，但又被攻讦为"耍大牌"。纠结、郁闷、彷徨，所以他要

第三章　收拾旧山河

排遣，要释放，要呐喊，虽然他有英雄的大无畏精神，但也有常人的真性情。

岳飞回到鄂州的元帅帐里，思虑万千，忧心忡忡，心想：抗金、收复失地、雪耻、迎还二圣，有错吗？如果有错，错在哪里？如果没错，怎么那么多的指责和攻讦呢？这是为什么？

他百思不得其解，昏昏进入梦中：他带领岳家军远征北地，杀入黄龙府，到处寻找二圣，一阵"唧唧吱、唧唧吱"——岳飞循声望去，猛然发现二圣已变成了人身蟋蟀面，对他哀鸣，岳飞既激动又震惊地扑了过去！一激灵，他从遥远的梦境中惊醒，才知是恼人的蟋蟀在秋夜里叫个不停。此刻梆声响过，说明时已三更。他睡意全消，只好起身披衣出门，围绕着台阶踽踽独行，梦里的喊杀声震天和现在的万籁俱寂，形成了鲜明的对比。他很失落，很怅惘，难道雪耻、迎二圣不过是一场梦？他仰天长叹，何时能梦想成真？然而"波心荡，冷月无声"[1]，上天只报以朦胧的月光。

他又俯首问自己：

> 我已三十六岁了，为什么空怀壮志？真的是"塞上长城空自许，镜中衰鬓已先斑"[2]。难道只为青史留名吗？不！抗金、收复失地、雪耻、迎还二圣是

---

[1] 引自南宋文学家姜夔《扬州慢·淮左名都》的词句。
[2] 引自南宋诗人陆游《书愤五首·其一》的诗句。

· 95 ·

> 我的信念，是我的初心！为此，从第一次从军开始，到现在我已离开家乡十六年了，谁不爱自己的家乡？家乡的一山一水、一草一木时时浮现在我的眼前，特别是山上的松竹是不是已经长大变老？家乡的汤河是不是尚有余温？我多么想回去看一看松竹，感受一下水温。然而宋金议和，不能挥师北伐，阻断了归程，那么何时是归程？我想把满腹心事化作一首琴曲，抚琴弹奏。可是，子期不在，曲高和寡，知音难觅，纵然我弹断了所有琴弦，又有谁来听？

这种郁积心中的苦闷无以排遣，岳飞整理一下思绪，借助《小重山》词牌，表达了壮志难酬的孤愤之情。全词原文如下：

> 昨夜寒蛩不住鸣。惊回千里梦，已三更。起来独自绕阶行。人悄悄，帘外月胧明。白首为功名。旧山松竹老，阻归程。欲将心事付瑶琴。知音少，弦断有谁听。

公元 1138 年，南宋定都临安（今浙江杭州），秦桧二次拜相。岳飞满怀悲愤，他在元帅帐内夜深人静时，填写了《小重山》，发出了"知音少，弦断有谁听"的感慨，诉说着自己内心的苦闷。

第十节　北伐中原、直捣黄龙

公元1140年，即绍兴十年，南宋在两年前与金媾和，反对北伐，不准动兵。此时金人毁约南侵，刚刚沐浴在和平阳光下的宋廷，又再次笼罩在战争的阴霾之中。面对金人的铁蹄践踏，高宗如热锅上的蚂蚁，"谁敢横刀立马？"[1]谁能做到千军万马吾不惊？只有岳飞。

尽管高宗心怀忌惮，与岳飞渐生嫌隙，但是关键时刻，高宗摸透了岳飞的脉搏——一个字"忠"，所以他重新起用岳飞，加正一品少保、兵马大元帅，进行北伐。这是岳飞发动的第四次、也是最后一次，而且是规模最大的一次抗金北伐。岳飞大败金军统帅金兀术的主力于郾城、颍昌等地，并"连结河朔"，与北方的抗金义军一道，收复了黄河南北的大片失地，使金兀术被迫逃入开封准备退回北方。南宋的军民热情高涨，希望一鼓作气，直捣黄龙府，洗雪靖康之耻。

岳飞第四次北伐的对手是人们耳熟能详的金国大元帅金兀术。三十八岁的岳飞遇到了真正的对手。前三次北伐基本上都是与伪齐或金齐联军作战。在第四次北伐的对手面前，岳飞

---

[1] 引自毛泽东《六言诗·给彭德怀同志》的诗句。

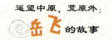

更显抗金斗士、英雄的真本色,孰高孰低,孰优孰劣,立见高下。

绍兴七年,金熙宗新立,完颜挞懒一派掌权,鉴于南宋军事力量增强,政局趋于稳定,他改变了过去的做法。过去一味拒绝南宋乞和,现在却允许在苛刻条件下进行议和,因为完颜挞懒的细作秦桧在宋廷逐渐掌握了政权,里应外合,慢慢蚕食南宋。既然议和,金人先开出点诱人的条件:愿意归还黄河以南扶持的伪齐政权刘豫霸占的土地,并答应送回亡国北掳、死于北方的宋徽宗的棺椁和高宗生母韦太后。偏安一隅的高宗大喜过望,因此决定答应宋金议和,不准动兵。可是世事难料,绍兴九年秋,金兀术等人发动政变,杀死主和的完颜挞懒等人,金兀术晋升为都元帅,成为金朝新的掌权者。金兀术一反完颜挞懒的对宋方针,主张南伐攻宋。绍兴十年,金人以完颜挞懒擅割黄河以南的土地为由撕毁和约,下令复取河南、陕西之地。于是,都元帅金兀术亲率十万大军,兵分三路,东起两淮,西到陕西,向南宋发起了规模宏大的进攻。

金兀术抽出寒光凛凛的战刀,挥向饱受战火蹂躏的江淮至山陕,金国的东路军首先进攻顺昌(今安徽阜阳),一时江淮告急,如果江淮失守,江南朝廷不保。高宗心急如焚,连下数诏给岳飞,命岳家军火速支援顺昌,并表示允许岳飞举兵北伐,收复失地。岳飞一看允兵北伐,收复失地,也是大喜过望。大军出征前,岳家军将士们纷纷与家人约定,待中原平定,再相团圆,可见岳家军对北伐胜利寄予了怎样的厚望!

第三章 收拾旧山河

面对顺昌之危,刘锜率"八字军"还击,金兀术不得不败退开封,金兵对淮南的威胁很快就解除了。情急之下,高宗明里允许北伐,且在手诏中明言"左可图复京师,右谋援关陕,外与河北相应,此乃中兴大计……唯是机会不可不乘";暗里却百般掣肘。顺昌之危解除后,高宗就特派李若虚前往岳飞军中,传达"兵不可轻动,宜且班师"的诏命。这是怎么回事?首鼠两端的高宗改变主意了。因为高宗的战略是以和为贵,以武促和。现在金军已退,北伐就没必要了。但岳飞的目标一直是收复山河,直捣黄龙!岳飞不愿坐失良机,非要大举北上、挺进中原不可,这个举动又落了个抗旨不遵的把柄。然而奉主抗金的李若虚,也做出了一个正确的决定,决心替岳飞受过,说道:"事既尔,势不可还,矫诏之罪,若虚当任之!"岳飞则逆风执炬,虽有烧手之患,但仍领兵继续向中原挺进。

这次北伐,岳飞派遣张宪等将率兵以解顺昌之围,随后亲率岳家军主力北伐中原。张宪率军往东北的顺昌府疾进,知顺昌之危已解,便挥师折向西北,攻下蔡州,并于第二天夺取颖昌府(今河南许昌)。牛皋率军在京西路打败金军,随后挥师东进,张宪与牛皋会师淮宁府(今河南淮阳),不久夺下陈州(今河南周口)。王贵率军攻克郑州,西向攻取西京河南府(今河南洛阳),投降金人的军寇李成闻风而逃。这是岳家军此次北伐与金军的第一次大规模会战,金将王太保等人被俘。至此,岳家军收复了八个县和汝州,取得了辉煌战果。

然而,金兀术不甘心自己的失败,趁岳家军兵力分散之机，亲率精锐骑兵一万五千人以及步兵十万向岳家军指挥中心郾城发动进攻。

正如李若虚回到临安（今浙江杭州）复命时所说："敌人不日授首矣，而所忧者他将不相为援。"不出李若虚所料，东部战场的韩世忠、西部战场的吴璘等军正与金军相持不下，无法配合岳家军；中部战场的张俊则在收复宿州和亳州之后就匆匆班师；刘锜在顺昌得胜后，既不进击，也不奉诏南撤。在这种局势下，岳家军的北伐主力面临着孤军深入的危险。为了防止被金军集结重兵各个击破，岳飞只得放缓攻势，将兵力逐渐收拢于郾城—颍昌一线。

郾城之战，金兀术率领的是金军最精锐的骑兵铁浮图和拐子马。铁浮图和拐子马应该说是冷兵器时代的"特种兵"。金兀术就是靠着这两支精锐骑兵长驱直入，成为宋军的噩梦。那么，铁浮图和拐子马到底为何这等神奇呢？实际上铁浮图是重装骑兵，每三匹马用皮索勾连在一起，特别是平原作战、列阵厮杀时，更凸显了"武装到牙齿"的铁浮图的无敌。宋军难以破解，一触即溃。拐子马就是配合铁浮图的轻骑兵，他们手持弓箭，轻装作战，用两翼包抄或者迂回包抄的战术，让所遇之敌无处可逃。一重一轻，相得益彰，铁浮图与拐子马列队齐进，确实是所向披靡，锐不可当，令人闻风丧胆。金兀术以"特种兵"的优势，以其十万之众，对付兵散将少的岳飞指挥中心，心里有了九成的胜算。然而事情有利就有弊。岳飞何许人也？他智勇双全，很快就找到了破解方法。为对付铁浮图，

第三章 收拾旧山河

岳飞造出了能穿透铠甲的"神臂弓",而且命令"背嵬军"用铁锤、铁锏、铁棍等重击武器,专砍马腿。因为铁浮图是三匹马相连,一匹倒地,余无战力,从而遏制了铁浮图的进攻。所以郾城之战是魔高一尺道高一丈,金兀术的铁浮图和拐子马遭到了灭顶之灾。岳家军将士看到元帅亲自出马,顿时全力死战。自午后战到天黑,金兵终于溃败逃走,岳家军大获全胜。

金兀术又组织兵马进攻颍昌府,于是,岳飞委派长子岳云率领八百背嵬军驰援颍昌,岳云出城与金军决战。背嵬军冲锋在前,中军和游奕军的步兵由左右翼继进,与金军主力铁浮图、拐子马苦战几十回合,岳云先后十多次出入敌阵,身受创伤。许多出城决战的岳家军"人为血人,马为血马",战局很快扭转,金兀术全军溃逃。

郾城和颍昌的两次战役是岳家军独力与金国精锐主力全面对抗的大会战,也是当时南宋抗金战争中的空前大捷。绍兴十年,宋金多次交手,特别是在郾城、颍昌两场大战之后,金军终于真正领教了岳家军的勇烈坚强,因此喟然长叹:"撼山易,撼岳家军难!"

由于岳家军的节节胜利,京西南路、京西北路属黄河以南部分都为宋军所收复。岳飞制定的"连结河朔"的战略成功地发挥了威力,在不到两个月的时间里,岳飞所部和由他联络的各地忠义军,对金兀术盘踞的开封形成了包围之势。多地的义军首领亲自突入宋境,归附岳家军,当金兀术南侵时,给金兀术以重创。河北路、河东路的义军约好以"岳"字旗为号,"期日兴兵",等待岳飞大军过河。中原父老也纷纷自发慰劳各地的岳家军和忠义军将士。黄河南北共有数十万人参加义军,金国自燕山以南,"号令不复行"。

岳家军将士满怀斗志,向北宋故都开封挺进。岳飞率军乘胜追击金军,追至距离开封仅四十五里的朱仙镇。

第十一节 朱仙镇

岳飞的第四次北伐,以其摧枯拉朽之势,横扫两淮、中原、河东的大片失地,极大地鼓舞了抗金军民。《鄂国金佗稡编》记载:岳飞在郾城、颍昌大捷后,以其孤旅挺进距离开封仅四十五里的朱仙镇。退守开封的金兀术闻报,立刻聚集兵马,统兵扑向朱仙镇。然而岳飞只派遣骁将带领五百背嵬军发动奇袭,搅乱了金军的围困。金兀术阵脚已乱,无法招架,便弃守开封准备向北逃窜,岳家军取得了朱仙镇大捷。

以五百背嵬军大败十万金军,听起来有点像天方夜谭,然而历史往往比神话更不可思议。后来的《宋史·岳飞传》[1]《续资治通鉴》[2]等史籍也采纳此说。

"五百大败十万",为什么后世会产生种种疑团呢?那

---

[1] 元朝脱脱编纂。
[2] 清朝毕沅编纂。

第三章　收拾旧山河

是由于秦桧父子篡改、隐匿史实，而人们对朱仙镇大捷的详细情况知之甚少。但不管怎么篡改、隐匿，其结果是金兀术弃守开封，准备逃奔北方。这一点无法抹杀。待岳飞遇害近二十年后，完颜亮攻宋时，"胡人自为'岳飞不死，大金灭矣'之语"[1]，可见岳飞的威名与战功。朱仙镇大捷可以说是岳飞军事成就的巅峰，也是宋金战争史上任何人都打不破的胜利纪录。

"五百大败十万"，人们迷惑不解的是：拥有"特种兵"铁浮图和拐子马的金军，难道这么不堪一击？其实岳家军也有威震敌胆的"特种兵"，最厉害的当属其中的"背嵬军""游奕军"和"踏白军"了。使金军"特种兵"遭受灭顶之灾的就是岳云统领的背嵬军，这是岳家军精锐中的精锐，是岳家军的精华所在，无论是郾城之战，还是颍昌之战，抑或是朱仙镇之战，都少不了背嵬军的身影。"嵬"（wéi）字取自"习习谷风，维山崔嵬。无草不死，无木不萎。"[2]单从名字的来历来看就令人生畏——无草不死，无木不萎。历次战斗中，背嵬军都起到了中流砥柱的作用。姚政统制"游奕军"，游奕即巡逻之义，是军队里"神出鬼没"的一群人，哪里需要到哪里。游奕军的"神"助攻也是关键。还有董先统制的"踏白军"，说白了就是侦察兵，唐朝时叫"候骑"。还记得"萧关逢候骑，

---

[1] 引自南宋薛季宣撰写的《浪语集》。
[2] 引自先秦《诗经·小雅·谷风》中的诗句。

都护在燕然"[1]吗？意思是在萧关正好碰上了侦察兵，告诉我主官还在燕然山。唐朝的候骑到了宋朝称为踏白军，有了踏白军方可做到"知己知彼，百战不殆"[2]。岳飞当年在宗泽的部队也曾经做过踏白军。从战况上看，岳飞的"特种兵"比金兀术的"特种兵"更胜一筹。所以朱仙镇大战中，岳家军以背嵬军开路，游奕军神助攻，踏白军提供军情，大败金兀术十万大军，有其历史的真实性。

多好的形势，多好的机会！真是天时、地利俱有。如果真趁势北伐，直捣黄龙指日可待。然而在一味避战求和、反复无常的高宗面前，千载难逢的机会最终丧失！这样的机会在宋朝不复出现。有这样的皇帝真是岳飞的不幸，更是南宋的悲哀。痛哉！惜哉！

事实就摆在面前，即使想替宋高宗弥缝粉饰，怎奈他处处出乖露丑。他的反复无常，让有志之士痛心。当金军势如破竹南侵、顺昌告急时，高宗连续下诏表示对大举北伐、收复失地的支持，给人留下一个好皇帝的形象。然而，在朱仙镇一战前，战局刚刚扭转，他就派人传达"兵不可轻动，宜且班师"的诏命，一下子就露出了出尔反尔的狐狸尾巴。为了自保，他只要诸将"措置亳州、宿州、淮阳军、陈州、蔡州"即可"一切了毕"，真应了那句"靡不有初，鲜克有终"[3]的话。他多

---

[1] 引自唐朝王维《使至塞上》。
[2] 引自春秋时期孙武《孙子兵法·谋攻篇》。
[3] 引自先秦《诗经·大雅·荡》中的诗句。

次命令岳飞停止进军,试图造成不胜不败的局面以利议和,其苟且偷安的本性暴露无遗。分析一下赵构的心理:若金人南侵,宋廷不抵抗则南宋江山不保,若岳飞的势力坐大,则其统治地位不稳,所以保持岳家军与金人的势力相当,不胜不败的局面则最稳当。这是怎样一种荒谬绝伦的"战略平衡"?又是怎样一种白日做梦的痴心妄想?

秦桧到底是个奸相,机会抓得很"准",在高宗还没有做出最后决定之时,唆使其党羽罗汝楫先动手。这个罗汝楫也是岳飞坟前的"五奸跪忠"像之一,清朝时因其职位太低,才被移除。罗汝楫上奏说:"兵微将少,民困国乏,岳飞若深入,岂不危也!愿陛下降诏,且令班师。"罗汝楫的奏本甚合圣意,坚定了高宗下诏班师的决心,不再顾忌什么一言九鼎了,诏书中所谓"朕不可以遥度"就成了一文不名的废话——高宗直接下诏班师。不一日,张宪从临颍杀向开封之时,第一道班师诏书就已送达。岳飞鉴于当时完胜的战局,写了一封奏章反对班师,其大意是:金贼重兵退守开封,而且屡战屡败,锐气沮丧。据报,金贼已经做好了弃守开封、渡河北逃的打算,况且各地豪杰闻风而动,士气高涨,天时地利,我强敌弱的局面已经呈现,机不可失,时不再来,我已做好了准备,希望陛下给我一个机会。然而,隔不数日,朱仙镇大捷,金兀术准备逃出开封,就在万人同庆之时,岳飞在一天之内连续收到十二道金牌,全是班师诏,全是措辞严峻、不容反驳的急令,命令岳家军必须班师回朝,岳飞本人必须回临安府朝觐皇帝。

岳飞此刻接到这样荒唐透顶的诏命，悲愤惋惜，黯然涕泣，他面朝临安的方向一再行拜礼，口中叨念："臣十年之力，废于一旦！非臣不称职，权臣秦桧实误陛下也。"拜罢愤毕，不得不班师。百姓闻讯，拦阻在岳飞的马前，哭诉担心金兵反攻报复。岳飞无奈，含泪取诏书出示给众人，说："朝廷有诏，吾不得擅留！"于是哭声震野。大军撤至蔡州时，又有百姓拥到衙门外，向岳飞叩头说："我们已经沦陷在金人的铁蹄之下十二年了，听说您来北伐，我们都翘首盼望，现在故土渐复，金人退却，我们摆脱了金人的践踏，却听说您要班师，您难道忍心功败垂成吗？"岳飞又出示班师诏，大家都失声痛哭。

功亏一篑的金兀术原以为此次南侵败局已定，他准备弃守开封城，正准备渡过黄河之际，没想到又有个奸人向他进言："自古未有权臣在内，而大将能立功于外者。以愚观之，岳少保祸且不免，况欲成功乎！"金兀术经他"点拨"，决定暂不过河。在证实岳家军确已班师后，又拨回大军重占开封。

随着岳飞的班师回朝，整个战局发生了逆转。刚刚收复的两淮、中原、河东大片土地再度失守，"连结河朔"的战略也化作了泡影。岳飞仰天长叹："所得州郡，一朝全休！社稷江山，难以中兴！乾坤世界，无由再复！"由于高宗和秦桧对青史滥加玷污，致后世对岳家军的战绩不甚了解。可是对金人来讲，虽经历代，想起这个可怕的对手却依然心有余悸。

第四章

撼山易　撼岳家军难

> 撼山容易撼岳难，威震九州荡胡蛮。
>
> ——题记

岳家军，中国历史上著名的军队，所向披靡，威震九州。大家会好奇，它是怎么形成的呢？从发源到建制，从军魂到战绩，再到"撼山易，撼岳家军难"。岳家军对内有巨大的凝聚作用，百姓纷纷投入岳家军，义军纷纷归入岳家军，甚至远在天边、无缘投奔的抗金队伍也要打出"岳家军"的旗号；岳家军对外有强大的震慑作用，草寇望而生畏，金军闻风丧胆。岳家军无处不体现出岳飞是优秀的军事家，有带兵打仗的过硬素质。

第一节 何为岳家军

何为岳家军？有宋一朝，在崇文抑武、文人治国的国策下，除了北宋的"杨家将"之外，还有南宋的"岳家军"，无论杨家将还是岳家军都成为"忠义"的代名词。特别是南宋一朝，由于国力孱弱，面对金人入侵毫无还手之力，然而自从有了岳家军，一改从前皇帝不断南逃、"行在"连续南迁的尴尬局面。岳家军的威望并非浪得虚名，让虎视鹰瞵的敌人望而生畏；岳家军的战功不负盛名，让宋廷在战火纷飞中站稳脚跟。战场上岳家军所向披靡，无一败绩，打得南侵金人溃不成军。

有人肯定会急着想知道这支有着崇高威望，又有赫赫战功的抗金队伍何时起家？规模多大？战绩如何？脑子里会产生一堆问题。

那么岳飞何时竖起了"岳家军"这面大旗呢？也就是说，岳家军是什么时候独立成军的呢？我们梳理一下岳飞投军以来的经历。他先后在刘韐、刘浩、张所、宗泽、杜充旗下任职，其中在张所、宗泽部下升职飞快，由一名初级军官升任为统领、统制。岳飞敢打硬仗、敢啃硬骨头的精神得到了上级的首肯。但岳飞只是将，不是帅，遇到如张所、宗泽这样讲武德的帅，岳飞还能展示他的文韬武略，可是遇到像杜充这样不讲

第四章 撼山易 撼岳家军难

武德的帅，也只能成为道边苦李。直到公元1130年，即建炎四年，岳飞以其赫赫战功收复了建康，岳家军才真正地独立成军。

收复建康是岳飞人生的转折点，也许有人会问，收复建康到底有多重要？反过来看，失去建康有多可怕，就知道收复建康有多重要。首先看建康的地理位置的重要性：它一脚踏江北，一脚踩江南，是江左与江右的临界点，若失去建康，偏安江南的天然屏障就被打开了缺口，金军就具备了进攻江南的战略支点，宋廷就无天堑可凭，江南就永无宁日，所以收复建康就等于重新筑牢了长江天堑的防守。

这么重要的城池为什么会失守呢？这得说宋廷所托非人，任用一个不讲武德、胸无武略的杜充来驻守战略要地建康，这就好比是用一头饱食终日、无所用心的猪，来抵挡一群凶神恶煞的狼，何其可笑！金军大举南侵，杜充只做做抗金的样子，然后在金人的诱惑下投降，战略要地建康沦陷，自此金军可以畅通无阻地进军江南，南宋朝廷无险可守，任由金军征讨杀伐。金兀术在"搜山检海捉赵构"的声势下，直追得高宗赵构惶惶不可终日，由杭州逃向越州，又逃向明州，最后逃到海上避难，才躲过一劫，却过上了屈辱的逃亡生活，整日惴惴不安。所以收复建康，重构长江天堑的守势，就成了他昼思夜想的一块心病。收复建康就是赵构的一棵救命稻草。

一心抗金、誓死雪耻的岳飞，在苦劝杜充不成后，唯一的出路就是脱离杜充，独自转战广德境内，袭扰金军后方。他六

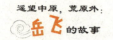

战六捷,又移驻宜兴,收降了许多军匪。许多军匪争相降附,岳飞以其声名扩充了队伍。

金兀术追逃赵构的计划虽然没有得逞,但他攻城略地,劫掠了大量财富。正当金兀术借助大运河北撤、途经常州时,岳飞率军进行截击,四战四捷。再后韩世忠把金军困于黄天荡,岳飞在清水亭大战金军,使得金军横尸十五里。待金军逃出黄天荡进入建康城,岳飞率军冲下牛头山,一举歼灭了还没来得及渡江的金军,取得了牛头山大捷,最终收复建康。

收复建康,宋廷从此安矣。收复建康,不可不谓功勋卓著。岳飞生平第一次得到皇上召见,是皇帝倚重的将领。岳飞也成为民众心目中的英雄。自此,岳飞组建了一支独立成军的岳家军,尽管在张俊的节制下,却仍竖起了"岳家军"这面大旗。

岳家军姓岳吗?尽管打出的是岳字旗,但这支部队不是岳飞的私人军队,"岳家军"只是民间俗称或者说是习惯叫法,不是官方名称,也不是正式的部队番号。这其实反映了岳飞在民间和军队中的崇高声誉。

岳家军的领导核心自然是抗金名将岳飞,他是岳家军这支队伍的创始人,他更是岳家军的灵魂。前军统制张宪、中军统制王贵是岳飞的副手,岳飞不在时可代替岳飞指挥全军,平时主持岳家军的军务,所以其核心为岳飞、张宪、王贵,一个元帅、两个副元帅。

岳家军的规模有多大?建炎四年独立成军时,军队的规

第四章 撼山易 撼岳家军难

模不过一万多人，相当于现代的一个师。经过不断征战，不断发展壮大，绍兴三年，增至两万多人，不再是一支孤旅。绍兴五年时，已有三万多人，其规模至少相当于现代一个军。特别是剿灭杨幺叛乱后，大约有五六万人编入岳家军，军队规模猛增到十万多人，相当于一个集团军，所以岳元帅至少是个军团长。岳家军也越来越兵强马壮，成为朝廷的一支王牌劲旅，只要边防军情紧急或寇盗横行，必调岳家军应付战事。高宗心血来潮，甚至许岳飞"中兴之事，朕一以委卿，除张俊、韩世忠不受节制外，其余并受卿节制"。

岳家军的成分相当复杂。从独立成军到最后一次北伐，岳家军的人员组成大体有这么三类：第一类是跟随岳飞从北方来到江南的老班底，如张宪、王贵、姚政等；第二类是从溃军盗匪中招降纳叛的人员，如牛皋、董先、杨再兴等；第三类是朝廷调拨委任的人员，如李若虚、薛弼等。岳飞统率的岳家军，包容了形形色色的人物，岳飞很有他的恩师宗泽的遗风。"盗可使为兵"，真是英雄不问出处，只要进入岳家军，便有了视死如归、纪律严明的军魂，所以岳飞不愧为中国古代治军的楷模。

岳家军的战绩更是令人骄傲。抗金十年中把"无人可敌"的金人打得落花流水，溃不成军，岳家军仅以牺牲一万五千人、伤两万人的代价，使金兵死约十五万人、伤不少于五万人，取得了难以置信的骄人战绩。

岳家军这支在刀光火影中逐渐锻炼出来的抗金大军，骁勇

善战,纪律严明,成为南宋朝廷立国江南的一道钢铁壁垒,在抗金斗争中发挥了举足轻重的作用。后世有人评价岳家军,认为只有明代戚继光的"戚家军"和李成梁父子的"辽东铁骑"堪与比肩。此话不虚!

第二节 成军编制

岳飞领导的抗金队伍,包容了形形色色的人物,人数达到了十万之众,组成了一个庞大的武装集团。这么庞大的一支队伍,如何有效地组织、指挥、协调和控制呢?岳家军的绝大多数将士是奔着岳飞的威望和战功而投靠的,虽然当时的岳飞级别不算最高,但在民间威望非常高。各地义军一时蜂拥而至,纷纷投靠了岳飞,没能投靠岳飞的义军也借其名自称为"岳家军"。过去的岳家军"小而美",扩军之后却极为混乱。但岳飞毕竟是帅才,他把士兵编制成了若干战斗集体,大大方便了指挥调动,使得岳家军一步步走向了传奇。

我们分纵、横两个方向来看岳家军的组织架构。

首先,横向结构。岳家军分为十二支统制军,为岳飞直接指挥调动。十二支统制军分别为:①背嵬军;②前军;③中军;④后军;⑤左军;⑥右军;⑦游奕军;⑧踏白军;⑨选锋军;⑩胜捷军;⑪破敌军;⑫水军。其中岳云统领背嵬军(岳云是统领,其余皆为统制,也即岳云的官职比其

第四章 撼山易 撼岳家军难

他人低一级）；张宪任前军统制；王贵任中军统制；王经任后军统制；牛皋任左军统制；庞荣任右军统制；姚政任游奕军统制；董先任踏白军统制；李道任选锋军统制；赵秉渊任胜捷军统制；李山任破敌军统制；杨钦任水军统制，水军又名"横江军"，后被岳飞以礼物形式送给了韩世忠和张俊，以交好两位大将。

在这十二支军队中，由岳飞直接统率、归岳云统领的背嵬军是最有名的，也是战斗力最强的，一共由八千名装备精良的骑兵以及万余名步兵组成，总人数接近两万人，是岳家军精锐中的精锐。历朝历代但凡提及岳家军，言必盛赞背嵬军，上到帝王，下到平民百姓，无一不称赞其为"天军"。正是因为背嵬军在军事上取得的成就，后世称之为中国古代"五大精锐"部队之一，与著名的唐朝"玄甲军"、东晋"北府兵"、明朝"戚家军"和战国的"魏武卒"齐名。

岳家军中除背嵬军之外，也不乏精锐之师，比如踏白军、游奕军、选锋军、胜捷军、破敌军等，都是南宋军中少有的强悍军队。踏白军是岳家军里的侦察部队，平时负责侦察前线，收集相关情报；游奕军负责巡逻任务，总是神出鬼没；而选锋军、胜捷军和破敌军是岳家军中的进攻型部队。

岳飞在"中兴四将"中，被称为最强之军的统帅是当之无愧的。可惜的是主帅岳飞死于高宗赵构的昏庸和奸相秦桧的阴谋，岳飞被冤杀后，岳家军最终分崩离析，实在是太过遗憾和悲壮。

其次，纵向结构（即层级管理）。宋廷对正规军曾经有过明确规定，每军一万人，分设十名将领，而岳家军此时有十万之众，所以原有的编制已经完全不敷使用。因此，朝廷将岳家军军官编制扩充到了三十名将领。现代军队的正规编制为军、师、旅、团、营、连、排、班八个层级。而南宋的成军编制由大到小依次为：军、将、部、队四个层级，无法与现代的军队一一对应。"军"一级的指挥官为统制、同统制、副统制，相当于现在的军长、副军长，岳家军十二支统制"军"中有二十二名统制，皆为军长、副军长；"将"是军的下一级，指挥官为统领、同统领、副统领，相当于现在的旅长、副旅长，岳云就是背嵬军的统领，是岳家军五名统领之一；"部"是将的下一级，指挥官为正将、副将、准备将，相当于现在的营长、副营长；"队"是部的下一级，指挥官为队将、副队将，相当于现在的连长、副连长。各级指挥官总称"将官"，统制和统领各辖八十四名正将、副将和准备将。那么庞大的规模，统兵有多少呢？每将统兵约一千二百人，但也不固定，根据战斗形势，可能重新调整编制，而且相同的编制下人数可能相差好几倍，但目的只有一个——一切都要有利于调动、驻屯和作战。

岳飞第一次投军就是"敢战士"小队长，相当于现在的班长，处在兵头将尾的位置；第二次投军就成了"偏校"，是长官；第四次投军到张所旗下，由于作战勇敢，提拔为准备将，直接越过"队"级官职，成为"部"级将官，至少相当营职长官；后又提升为中军统领，成为"将"级将官，相当于旅长；重归宗泽部下，任东京留守的统制，成为"军"级将官，相当于军长；直到岳飞独立成军，升为神武后军都统制，成为驻屯军的司令，相当于军团长，已经是独当一面了。[1]

南宋初年，岳飞、韩世忠、张俊、刘光世等名将崭露头角，他们的军队经过了战火考验，有很强的战斗力，同时也形成各自的派系，民间有"岳家军""韩家军""张家军""刘家军"等称呼。与北宋时期不同，岳家军内部的军队编制和人事安排自成一体，朝廷几乎不能像以前那样派监军干涉岳家军作战。这种成军体制，最大优势就是发挥了岳家军的战斗力，保证了岳家军的组织、指挥、协调和控制；但最大的弊端是岳家军的强大成了高宗的噩梦。宋朝历代皇帝都"遗传"了太祖的忧虑，武将不能坐大，功高不能震主，这是重文抑武的根本所在，高宗之所以听信秦桧谗言谋害岳飞，很大一部分理由正在于此。

岳家军的战斗集体，在抗金的战场上，完全发挥了组织、指挥、协调和控制的功能，既方便了计算兵力，也方便了指挥、调动、作战。

岳家军是忠于南宋王朝的，但岳家军对朝廷的忠诚与皇帝对岳家军的信任并不"匹配"，下对上的忠诚离不开上对下的

---

[1] 参考《宋史·兵志》，结合岳家军的具体实际。这支军队的建制和人数与现代军队大体相当，略有出入，不能一一对应。此处说明仅为参考。

信任，没有信任做基础，而执着追求忠诚，收获的只能是一场骗局。岳飞对皇帝的忠诚是纯粹的，但皇帝对岳飞的信任是掺水的。岳家军的编制和人事安排自成一体，朝廷不能派监军干涉作战指挥，这直接触碰了皇帝的敏感神经。尽管岳家军军纪严明，将士视死如归，敢打仗、打硬仗，为南宋王朝站稳江南立下了赫赫战功，但仍然无法排除皇帝内心的忌惮。

第三节　威震九州

生命定格在三十九岁的岳飞，是岳家军的创始人，也是岳家军的灵魂。他在内忧外患的南宋四次投军，四次北伐，抗击金军，荡平草寇，保家卫国，戎马一生，他似乎要一个人背负起南宋的江山，踽踽独行。尊奉岳母背刺"尽忠报国"的信条，肩扛高宗亲赐"精忠岳飞"的大旗，怀揣收复中原、直捣黄龙、迎回二圣、雪洗靖康之耻的初心，横刀立马，驰骋疆场。他亲率岳家军指挥了大大小小近两百场仗，无一败绩，是名震九州、名副其实的常胜将军。

抗金名帅宗泽对他高度评价："智勇才艺，古良将不能过。"他的对手金军更是佩服地慨叹："撼山易，撼岳家军难！"既得恩师欣赏又被对手佩服的少有，岳飞就是一个。

回顾岳飞的一生，别是一番滋味。他戎马倥偬的一生，绝

第四章 撼山易 撼岳家军难

对是可歌可泣；但他冤死风波，又堪叹堪怜。

岳飞（1103—1142），少时勤奋好学，喜读《左氏春秋》《孙子兵法》，先后拜周同、陈广为师，练就一身好武艺。公元1122年，他在二十岁时投军抗辽，又因父丧，不得不还乡守孝。公元1124年，二十二岁的岳飞再次投军，两年后，金军大举入侵中原，他开始了抗击金军、保家卫国的生涯。因平定军战败，岳飞成功突围返乡。公元1126年，二十四岁的岳飞三投军门，这一年金军攻破开封，俘获了徽钦二帝，北宋王朝灭亡。岳飞越职进言，要求收复失地，被革职踢出军门。同年，岳飞初心不改，四投军门，改投河北都统制张所旗下，因功升任中军统领，在太行山一带抗击金军，屡建战功，后复归东京留守宗泽，以战功转武功郎。宗泽死后，岳飞跟从继任东京留守的杜充守开封。公元1127年，康王赵构登基，是为高宗，迁都临安，建立南宋。

公元1129年，金兀术再次南侵，杜充率军弃守开封南逃，岳飞无奈随之南下。然而改任建康留守的杜充不战而降，金军得以渡过长江天险，一路攻下建康、临安、越州、明州等地，高宗被迫流亡海上。岳飞率孤军坚持敌后作战。他先在广德攻击金军后卫，六战六捷；又在金军进攻常州时，率部驰援，四战四胜。

公元1130年，岳飞在牛头山设伏，大破金兀术，收复建康，金军被迫北撤。从此，岳飞威名传遍大江南北，声震河朔。岳飞升任通州镇抚使，兼泰州知州，拥有万余人马，建立起一支纪律严明、作战骁勇的抗金劲旅"岳家军"。

公元1133年,岳飞因剿灭李成、张用等"军贼游寇",得高宗嘉奖的"精忠岳飞"锦旗,威震江淮。

公元1134年,岳飞挥师北上,击破金人扶植的伪齐军,收复襄阳六郡,岳飞也因功升任清远军节度使。岳飞又大败金兵于庐州,金兵被迫北还。公元1135年,岳飞率军击破杨幺的军队,从中收编了五六万人马,使岳家军实力大增。

公元1136年,岳飞再次出师北伐,攻下了商州和虢州,剑指伊洛,继而围攻陈、蔡地区。但岳飞很快发现自己是孤军深入,既无援兵,又无粮草,不得不撤回鄂州。公元1139年,岳飞升为太尉。他屡次建议高宗兴师北伐,一举收复中原,但都被高宗拒绝。高宗、秦桧主张与金人议和,南宋向金称臣纳贡。这使岳飞不胜愤懑,上表要求"解罢兵务,退处林泉",以示抗议。

公元1140年,金兀术撕毁和约,再次大举南侵。岳飞奉命出兵反击,相继收复郑州、洛阳等地,在郾城、颍昌大破金军精锐铁骑兵铁浮图和拐子马,乘胜进占朱仙镇,距开封仅四十五里。金兀术被迫退守开封,金军士气沮丧,不敢出战。岳飞威震九州。

在朱仙镇,岳飞招兵买马,联络河北义军,积极准备渡过黄河、收复失地,直捣黄龙府。他激动地对诸将说:"直捣黄龙府,与诸君痛饮耳!"这时高宗和秦桧却一心求和,

第四章 撼山易 撼岳家军难

连发十二道金字牌班诏，命令岳飞退兵。岳飞抑制不住内心的悲愤，仰天长叹："十年之功，毁于一旦！所得州郡，一朝全休！社稷江山，难以中兴！乾坤世界，无由再复！"他壮志难酬，只好挥泪班师。岳飞回临安后，即被解除兵权，任枢密副使。

公元1141年，高宗和秦桧派人向金求和，金兀术要求"必先杀岳飞，方可议和"。秦桧乃诬岳飞谋反，将其下狱。公元1142年，秦桧以"莫须有"的谋反罪名将岳飞害死于临安风波亭，是年岳飞仅四十岁（实际三十九周岁）。其子岳云及部将张宪也同时被害。孝宗即位后，岳飞得以昭雪，被追封鄂王。

岳飞善于谋略，无专门的军事著作遗留，其军事思想、治军方略散见于书启、奏章、诗词等。后人将岳飞的文章、诗词编成《岳武穆遗文》，又名《岳忠武王文集》。

岳飞的故事，为什么历经近九百年依然史不绝书呢？是因为他精忠报国、威震九州的英雄事迹。岳飞是一个国家的脊梁，却壮志难酬，冤死风波亭。这种遗憾千百次地撞击人们的心灵，令人震撼，给人启发，让人沉思，越深思越发觉岳飞的崇高与悲壮！

一串苦难一串悲，千年不绝颂岳飞。光阴可以夺走一个人的权力和地位，却夺不走一个人的美誉，"三尺青锋怀天下"[1] "一剑霜寒十四州"[2]。岳飞精忠报国的赤子心、威震九州的英雄气，是跨越时空的回响，是灿烂天空的星斗，是世代相传的史诗，是英雄家谱的底色！毫无疑问，岳飞才是真正地"赢得生前身后名[3]"。

第四节 英勇军魂

任何一支军队都是有气质和性格的，而这种气质和性格往往跟首任军事指挥官有关。他性格强悍，这支军队就强悍，他战斗英勇，这支部队就英勇，是指挥官给这支部队注入了灵魂。乍一听，眼前立刻浮现一个画面：敌阵前提枪跨马，帅字旗猎猎长空，鼓角声震天响地，杀贼寇陷阵骁勇，风波里天日昭昭。这就是抗金名将、英雄——岳飞。岳飞本人就是岳家军的军魂，代表着一种忠于国家、不忘初心、敢打必胜的军魂。有了这样一种军魂，岳家军就剑锋所指、所向披靡；有了这样一种军魂，南宋军民精神振奋。

岳飞，生前其名就如雷贯耳，名满天下。他是"一身转战三千里，一剑曾当百万师"[4]的将士，更是"相看白刃血纷纷，

---

[1] 引自电视剧《三国演义》（1994年版本）中名将周瑜《长河吟》的诗句。
[2] 引自唐末禅月大师贯休《献钱尚父》的诗句。
[3] 引自南宋诗人辛弃疾《破阵子·为陈同甫赋壮词以寄之》的词句。
[4] 引自唐朝诗人王维《老将行》中的诗句。

第四章 撼山易 撼岳家军难

死节从来岂顾勋"[1]的猛士。不到三十岁的岳飞，人们就为其修建了生祠，好不风光，好不威武！为活着的人建生祠是罕见的，更是一种独特的荣耀。岳飞尽管冤死风波亭，却虽死犹生，颇受尊崇，真正称得上是中国古代第一"战神"。首先，岳飞有高尚的武德：在生灵涂炭、百姓流离失所的情况下，岳飞奋起反抗，保家卫国，这就是正义的化身、神圣的象征，最能触动人们的神经，荡涤人们的心灵。而且岳飞忠心赤胆，真正是有志心胸阔，无私天地宽。其次，岳飞有超群的武略：岳飞习读兵法，但不拘泥教条；灵活作战，但不肆意妄为；他注重军情态势，善于观察分析，巧用天时地利，敢打仗，会打仗，所以百战百胜。尽管没有完整的兵法论著遗存，但从《武穆遗书》中，仍能看到其军事思想的光芒，以及蕴涵的军事理论功底。岳飞不单纯是一位勇士，还是智勇双全的军事家。最后，岳飞有赫赫的武功：他和他的岳家军都忠勇无比，战斗力极强。与金人作战，往往以少胜多，以弱胜强，无一败绩，尤其是第四次北伐，打得金兀术差点怀疑人生，大大地动摇了金军南侵的信心，只可惜高宗与秦桧避战求和，功亏一篑，直捣黄龙、迎还二圣的理想化作了泡影。但岳飞剑锋所指，所向披靡，立下了不世战功。

一面旗帜就是一支军队的灵魂。岳家军的帅字旗"以红罗为帜，上刺'岳'字"。岳家军在抗金的四大军团中，声名

---

[1] 引自唐朝诗人高适《燕歌行》中的诗句。

远播，威震九州，他们在中原屡破金军，使金人发出了"撼山易，撼岳家军难"的感叹。火红的"岳"字旗就像横亘在金军面前的一座山，翻不过也搬不动，让金军无可奈何；火红的"岳"字旗就像压在金军心口的梦魇，令金兵闻风丧胆，远远望见就瞬间溃逃。所以，各地义军不管身处何地、兵力大小，只要是汇入抗金队伍，就自发地扛起火红的"岳"字旗，提高士气，震慑金军。

岳家军之所以战无不胜、攻无不克、所向披靡，除了岳飞的赫赫威名以及威震敌胆的"岳"字旗之外，还有凝聚人心、奋勇杀敌的战斗精神，这种战斗精神就是岳家军的军魂。如果用两个词来概括，那就是勇往直前和纪律严明。

首先，勇往直前。岳飞每每遇敌，总是身先士卒，视死如归。他的这种精神感染了一大批岳家军的将士，例如岳家军第一猛将杨再兴。杨再兴原本是一名草寇，是盘踞在两湖、两江一带的贼王曹成的部将，曾经杀死岳飞胞弟岳翻，在岳家军的清剿中被俘，岳飞不计前嫌，将其收留，并告诫："吾不杀汝，汝当以忠义报国。"此事足见岳飞的胸怀和慧眼，爱才之心胜过了杀弟之仇。而杨再兴的确不负所望，作为岳家军的先锋，跟随岳飞南征北战，成长为岳家军中不可多得的悍将，立下了赫赫战功，特别是在郾城大战中，杨再兴带领三百士兵出城巡逻，在小商桥突遇十万金军，明知必死，但求一战，毫无畏惧。这充分体现了岳家军勇往直前的战斗精神。

其次，纪律严明。岳飞素以治军严明而流芳百世，他想让

第四章 撼山易 撼岳家军难

岳家军的战士明白"平时多流汗，战时少流血"的道理，所以训练相当严苛，而且一视同仁。除此之外，岳家军有一个响亮的口号："冻死不拆屋，饿死不掳掠。"一个士兵未经允许就拿老百姓的麻绳来捆柴草，被岳飞发现，立刻按军法严办。有人可能说这是小题大做，但对岳家军来说，严明的军纪就是从小事做起，一点一滴养成秋毫不犯的铁律，不以恶小而为之。所以到大事上岳家军毫不含糊。有一次岳家军行军时经过一个村子，夜宿村庄的路旁，老百姓见状都纷纷请他们进屋歇脚，可是没有人肯进去。有这样的严明纪律，你就是老百姓的队伍，你就是百姓的保护神，百姓拥护你！有了百姓的拥护，还有打不胜的仗、攻不克的城吗？

岳家军的英勇军魂，凝聚着对国家和人民的忠诚。英勇军魂为历史增添了一抹靓丽的色彩，时至今日，仍然深深地震撼我们的心灵！

第五章

十年战功尽尘土

十年战功尽尘土,一朝君令枉自苦。

——题记

宋高宗赵构在偏安江南的情况下,屈辱地向金求和,在以秦桧为代表的投降派的支持下,向胜利在望的岳家军发出了撤军的"十二道金牌"。岳飞面对"将在外君命有所不受"与"'君'令如山"的矛盾——在退与不退的问题上纠结,最终还是无奈地选择了退兵。

第五章 十年战功尽尘土

第一节 十二道金牌

岳飞接到的金牌是摧毁他抗金梦想的一只辣手,是陷他于万劫不复的催命符,是逼他不容置辩的一道道圣旨。就在离旧都开封近在咫尺的朱仙镇,就在金兀术被打得怀疑人生的时刻,就在南宋军民翘首盼望收复中原的当口,十二道金牌像雪片一样纷纷落在岳飞的面前,而且字字摘胆,句句剜心。

公元1140年,即绍兴十年,岳家军在朱仙镇势如破竹,大败金兀术十万大军,正当乘胜追击、一举收复旧都开封之际,高宗赵构、奸相秦桧以"孤军不可久留"为由,在一天之内,连发十二道金牌,迫令岳飞退兵,而且金牌的措辞一道更比一道激烈。最为关键的是高宗、秦桧双管齐下,在连发十二道金牌的同时,还伴随着釜底抽薪,断绝了岳家军的粮草。三日无粮不聚兵,马不吃草,兵不食粮,不撤兵的结果只有一条——不战而败。这一招着实阴狠,让血染沙场、向死而生的将士别无良策,兵马大元帅岳飞被逼无奈,只得仰天长叹:"十年之功,毁于一旦。"

那么这个金牌到底是个什么东西,让本来胜利在望的岳飞被迫班师回朝呢?

先来了解一下金牌,并非使用金子做成的牌子,而是用

红漆做底、烫上金字的木头牌子,木头牌子上刻着八个大字:"御前文字,不得入铺。" 翻译过来就是:朝廷传递的文书,为节约时间,不得进驿站,换马不换人,昼夜不停,接力传递。更直白一点说,就是个加急文书,或者说加急电报、绝密等级的特快专递。有多快呢?常看电视剧中有"八百里加急"这样的桥段。在那个时代,马不停蹄地飞奔,也就日行五百里左右,几乎是极限了。为了体现君权至上、皇上一言九鼎,大有"见金牌如见朕"的意思,所以金牌就表示军情十万火急。有人可能还要讨论,再紧急的军情,一道金牌不就可以解决问题了吗?为什么一日连发十二道金牌?是不是多此一举?高宗心里清楚,他了解岳飞,也了解他的宏图大志,更了解他收复中原、迎还二圣的决心和意志。如果不表明自己的强硬态度,岳飞肯定会以各种理由不撤兵;如果不撤兵,肯定就坏了他避战求和的"好事"。所以一日连发十二道金牌,以示催促,逼迫就范。

高宗为什么要用十二道金牌召回岳飞呢?主要有两个原因:一个是圣意难测,翻脸无情;一个是君臣渐离,心生忌惮。

首先,圣意难测,翻脸无情。

身处风云变幻的南宋,如同一盘棋局,而那个棋手就是高宗赵构,无论岳飞是将帅还是兵卒,都是高宗玩弄股掌之中的一颗棋子,任其摆布。想当初,建康失守,危及宋廷和自身安危时,岳飞挺身而出,一举收复建康,岳飞就是他的救命稻草;当高宗偏安江南,金与伪齐不断骚扰时,岳飞横亘于江淮到汉襄之间,筑起一道钢铁长城,岳飞就是他的立国柱石。然而,以战促和的局势已经形成,岳飞就成了碍眼的一枚弃子。为人臣者永远也猜不透皇上的心意,即便猜到又能奈几何?高宗深知岳飞的忠心,但岳飞做事不顺圣意,不知道怎么讨好皇上,也不会揣测圣意,一味坚持己见——"殄丑虏,复三关,迎二圣"。这不仅是不顺圣意的问题了,而是违逆圣意,高宗最不能接受的就是迎还二圣,正宗的皇上被你迎回来了,让我山寨版的皇上情何以堪?还有即便你执意北伐,一旦败北,我不也得像二圣一样被北掳吗?恐惧,纠结,以至于气急败坏,皇上翻脸无情,也就是人们常说的"最是无情帝王家"。所以最终以十二道金牌勒令班师。

其次,君臣渐离,心存忌惮。

高宗也曾倚重过岳飞,还亲笔赐旗"精忠岳飞",而且淮西每每告急,都毫不迟疑地调遣岳飞增援,说明皇上相当信任、倚重岳飞。但随着时局的变化,以及岳飞不合时宜的上谏,特别是三番两次地劝谏高宗立储,让高宗心生不满。高宗正春秋鼎盛,过早谈论立储,一是对皇上有诅咒之嫌,二是皇上以为是对其无后的嘲讽,三是武将干预朝政。种种不善,高宗当然不乐意了。本来岳飞一片忠心,意图用立储粉碎金人的阴谋,可是适得其反,反遭皇上怀疑。也许劝谏的方式也存在问题,"忠告而善道之,不可则止,毋自辱焉"[1]。显然岳飞没做到。这件事在皇上心中结下了疙瘩，久而久之变成了疑心，君臣之间平添了一道无形的隔膜，情感渐生裂隙，注定分道扬镳，此其一也。在宋廷拥有的兵马中，岳家军的人数最多，据说岳家军大约占了朝廷兵马的一半。这有些言过其实，但岳家军数量确实不少，且战斗力极强，更让皇帝疑心的是岳家军对岳飞的忠诚度极高，俨然姓"岳"不姓"赵"，岂不是成了岳飞的私人军队！自己疑心的将帅拥有这么庞大的军队，哪个皇上心里能踏实呢？本来有宋一朝，从开国伊始，就防范武将造反，再加上残酷的现实已给赵构狠狠地上了一课，例如淮西军变，郦琼就带着四五万的兵马叛变到了伪齐，差一点导致南宋王朝的覆灭，教训深刻！不难想到，也许宋高宗已有这样的念头：如今岳飞拥有这么多、这么强的兵马，一旦与我有二心，做郦琼第二，恐怕我就没有那么幸运了，到那时，吾命休矣，宋廷休矣，我赵氏江山休矣。总之，赵构对岳飞开始忌惮了，此其二也。岳家军本身的建制也令皇上寝食难安，拥有十几万大军的岳家军，在人事安排上朝廷竟然不得干涉。历朝的监军制度在岳家军中化为乌有，皇上不派监军，就等于失去了耳目，无法第一时间了解军事动向，也无法了解军事主官是否有异动，如果这支军队拥兵自重、不听号令，就会威胁皇帝对江山的统治。因此赵构对岳飞更加忌惮了，此其三也。

---

[1] 引自春秋时期孔子《论语·颜渊篇》中的对话。

高宗对岳飞的感情渐生裂隙，心存忌惮，这是他的心病。现在治病的良方有了，那就是以战促和的局面出现了。威震九州的岳飞成了议和的绊脚石，必须一脚踢开。宋高宗也担心岳飞拥兵自重，横生枝节，所以一日连发十二道金牌勒令班师。宋高宗如此心急，可见君臣关系已难以挽回，这也意味着一条鲜活的生命进入了倒计时。

第二节　退？不退？

"此生谁料，心在天山，身老沧州。"[1]这是有心杀贼、无力回天的悲凉，这是英雄暮年、壮心不已的慨叹！这是英雄岳飞吗？是，又好像不是，但它活画出岳飞那苍凉而孤独的背影。他站在人生的十字路口，独自徘徊，向前不能，向后不肯，一时拿不定主意，反复权衡，不断斗争，真的是左右为难，进退维谷。这种艰难的抉择，带来的是心理上的煎熬。但人生就是抉择，抉择就是人生。一念之间的抉择，却决定了人生命运。面对宋廷发来的十二道金牌，岳飞犹豫了：退？不退？

同样面对十二道金牌，在退与不退的抉择上，另一位抗金名将刘锜却选择了死战不退。说到这里，我们再讨论一下刘

---

[1] 引自南宋诗人陆游《诉衷情·当年万里觅封侯》中的词句。

锜,还记得"楼船夜雪瓜洲渡,铁马秋风大散关"[1]吗?二十年后完颜亮再度南侵时,那个在瓜洲渡的雪夜里指挥楼船战舰、痛击金军的就是刘锜将军。还记得靖康年间崛起的"八字军"吗?这支起自河北、河东的抗金义军,最初在王彦的率领下,曾经与岳飞一同抗金,屡立战功,后来接过"八字军"统领的也是刘锜将军。还记得岳飞第四次北伐的缘起吗?岳飞是驰援顺昌(今安徽阜阳)之危时乘势发起的北伐,当时还是刘锜将军所率的"八字军"奋力还击,解救了顺昌之危,使得金兀术败退开封。

说来有趣,刘锜也是一位赫赫有名的孤胆英雄,却无缘跻身"中兴四将",这让人想起了诸葛亮崇拜的偶像——乐毅。乐毅曾经以一己之力连克七十余城,几乎灭掉齐国,仅凭这不世之功也该跻身"战国四大名将",然而乐毅游离其外,为什么会这样呢?乐毅之所以游离"战国四大名将"之外,也许是因为乐毅选择了一个弱国——燕。他虽为强齐伐燕复仇了,却并没有让弱燕走向强大。乐毅连克齐国七十余城,却因新燕王忌惮而遭免职,最终齐土得而复失,自己也落得个弃燕奔赵的结局。刘锜虽不能与岳飞比肩,但比刘光世、张俊之流不知强过多少倍。

正当顺昌解围,郾城、颍昌之战取得大捷之际,赵构、秦桧一看火候到了,以战促和的局面形成了,前线轰轰烈烈的北

---

[1] 引自南宋诗人陆游《书愤》的诗句。

伐战果足以为议和增添砝码，那这场仗就适可而止吧！所以他们也给刘锜连发十二道金牌勒令班师，金牌赫然写着"刘锜择利班师"。然而刘锜死不奉诏，在顺昌大捷后，既不进击，也不奉诏南撤，宁做一颗宋金之间的钉子。刘锜是幸运的，抗旨不遵却躲过一劫；而岳飞奉旨班师却被冤杀。可惜的是岳飞之后再无"岳家军"。

公元1140年盛夏的朱仙镇，军帐之中的岳飞陷入进退两难的境地。高宗连发十二道金牌，强令岳飞退兵。退？不退？举棋不定，但这种封闭式选择没有第三项，非此即彼，岳飞痛苦得肝肠寸断。退吧！"十年之功，毁于一旦"。岳飞一万个不愿意，更不忍心让将士们用鲜血和生命换来的中原故土重遭涂炭。不退吧！则授人以抗旨不遵的把柄，死罪难逃。另外孤军深入，粮草断绝，别说打败金军，就连岳家军的生存都无法保证，将会寸步难行。"将在外君命有所不受"与"君命难违"纠缠、撕扯着他的心。

我们做一个假设，权当一次推演，假设岳飞抗命不退，像刘锜一样死不奉诏，他的下场会如何？

第一种，战死沙场。假如岳飞置十二道金牌于不顾，继续发兵北进，那会有怎样的结果呢？因岳家军先后收复了郑州和洛阳，又在郾城、颍昌大战中几乎消灭了金军的特种部队铁浮图和拐子马，金军全线崩溃。而宋军士气高昂，利用岳家军势如破竹的锐势，一举拿下仅四十五里之遥的开封应该不费吹灰之力。接下来呢？就是直捣黄龙、迎回二圣，倘使一切顺利，岳家军浩浩荡荡北进，但朝廷已断供粮草，即便收复开封，能征集一些粮草，再从败退的金军那里夺回一些粮草，十万大军还能坚持几日呢？我们知道岳家军军纪严明，秋毫无犯，"冻死不拆屋，饿死不掳掠"。一旦渡过黄河，孤军深入，既无粮草，又无援军，如果这时金军杀个回马枪，岳家军必然陷入绝境。就算岳家军战死沙场，全军覆没，也未必能彻底收复中原。

第二种，抗旨当斩。假使岳家军孤军北伐而突陷险境，遭到灭顶之灾，我相信岳家军的背嵬军和那些以死护主的将士绝对会违背岳飞的意志，"绑架"他杀出重围。一旦突围成功，岳飞何去何从就尴尬了，难怪古来武将宁肯战死沙场、马革裹尸，也不愿苟且偷生。以岳飞的个人品行、对国家的忠诚，岳飞绝对不会像姚仲平那样畏罪潜逃，也不会像李成那样落草为寇，更不会像郭药师、杜充那样叛国投敌，唯一的一条路，那就是回朝谢罪，等待他的就是抗旨不遵，论律当斩。

第三种，谋反灭族。抗旨当斩与谋反灭族中间，对已失圣心的岳飞而言，难道真有不可跨越的距离吗？岳飞彻底收复故土的决心在只想求和的朝廷眼中，不难变成拥兵自重、意图谋反。而一旦冠以谋反罪，朝廷就会直接发兵镇压岳家军，避战求和的高宗可能不惜联合金军一起镇压岳家军。一旦冠以谋反罪，就彻底掩盖了岳飞破金还故土的志向和对大宋的忠心，各地百姓以及自发地打着"岳家军"旗号的义军就会对岳飞产生怀疑，反倒陷岳飞于众叛亲离的境地。若冠以谋反的罪名而被灭族，那岳飞更会死不瞑目。

面对十二道金牌时，岳飞也许已看到了眼前的这三条路，读清了宋廷的意图。明明心系国家、心系朝廷，却身不由己，命不由我，这是怎样的悲凉？虽然听命于君选择了退兵，却仍没能幸免于难，最后惨死于风波亭，令人唏嘘。

第三节　何事可为

"以身许国，何事不可为？"[1]南宋"中兴四将"之首的岳飞，在青少年时发出铮铮的誓言：为国捐躯，还有什么事不能做呢？这是他的豪言壮语，是他坚守的初心，是他的一份使命担当。岳飞短暂的一生，为了实现"尽忠报国"的宏伟志向，的确突破了种种限制，做出了"明知不可为而为之"[2]的事，体现了担当和冒险精神。越职进言、上谏立储、违旨北伐等，无不是为大宋计长远，但代价是惨痛的。

岳飞第四次北伐，原本是奉旨解顺昌（今安徽阜阳）之危而进行的反击，防范金军渡江危及宋廷。顺昌之危已解，高宗马上传达"兵不可轻动，宜且班师"的诏命。然而岳飞不愿坐失良机，乘势北伐，尽管有悖于高宗的意志，却得到了高宗的默许和朝廷的支持，百姓更是翘首以盼，热情支持。此时，北

---

[1] 引自元朝脱脱《宋史·岳飞传》。
[2] 引自春秋时期孔子《论语·宪问》。

伐是可为的，不仅可为，而且大有可为。

第四次北伐之后，朝廷的主导思想与岳飞的战略就背道而驰了。朝廷认为以战促和的时机成熟，应该及时收兵，坐下来谈判议和，而岳飞认为应该趁热打铁，一鼓作气，直捣黄龙，迎回二圣。对于高宗来讲，直捣黄龙、大破金国的愿望或许是有价值的，但迎回二圣的想法一文不值，甚至大逆不道，会极大地撼动他的金銮宝座。这样一来，在宋高宗眼里，岳飞功过相抵，其战略就失去了应有的价值。那么岳飞是否具有直捣黄龙、迎回二圣的能力呢？十二道金牌勒令班师，从道义上讲，岳飞就师出无名了；再从粮草断供来说，那就是釜底抽薪，就像一部汽车再好，不加油也是一堆废铁，永失动力，也就是说岳飞有再大的能力也被束缚了手脚，那么能力还能正常发挥吗？十二道金牌和粮草断供，不是朝廷不支持的问题了，是坚决反对。有人会讲，但是百姓力挺岳家军啊，可是百姓能解决十万大军的粮草吗？如果朝廷把岳家军冠以谋反罪，百姓还会信任岳家军吗？岳飞也深知不可为，正因为他有这样的清醒和定力，才在无奈中选择了退兵，班师回朝。

岳飞一生经历四次投军、四次北伐，步步是坎，处处是难。无论有多么不称意，无论有多么艰难，他始终坚守"尽忠报国"的初心，始终坚守道德底线。明明知道十二道金牌是为了逼他就范，明明知道有去无还，他就是不落草为寇，不叛国投敌，不自立为王。宁可冤死不告状，穷死不做贼。这就是英雄的品德，让我们世世崇拜，代代景仰。

岳家军为什么短时间内规模剧增？为什么成为南宋战斗力最强的一支部队？一个很重要的原因就是岳飞以诚信为本。"人无信不立"，尽人皆知的"徙木立信""千金买马骨"的故事就是想告诉人们要取信于人，提高公信力。诚信是一个人、一个团队无形的资本，能比有形的资本溢出更大的效益。岳家军有一个口号"坐下不杀"，这口号在战场上深得人心。当岳飞在筠州（今江西高安）剿匪时，将士们对溃败的匪徒高喊"坐下不杀"，结果投降八万多人。岳飞的原则是"诛首恶而赦胁从"，他言而有信，确实不杀降卒，被放还的人就会一传十，十传百，从此岳飞的诚信不胫而走，广为人知。当围剿杨幺叛乱时，大家都知道岳飞仁义又讲诚信，投降会得到善待，所以一股水匪还未等开战就归降了岳家军。各地义军听到岳飞北伐的消息，更是争先恐后，纷纷投靠岳家军。

第六章

衔冤风波里

> 衔冤屈死风波里,天日昭昭辨忠奸。
>
> ——题记
>
> 秦桧等一干奸臣,谗害忠良,手段无所不用其极。他们先是离间君臣关系,再重演"杯酒释兵权"的把戏,一步步地剥夺岳飞的兵权;然后罗织罪名,诬告构陷,致岳飞蒙冤入狱,饱受私刑;最终以"莫须有"的谋反罪,将岳飞谋害在大理寺(风波亭)。一代忠良落得蒙冤屈死的结局,真的是"忠臣良将蒙冤狱,奸佞当道恨无休"。岳飞短暂而宏阔的一生,留下一个悲壮的结局。

第六章 衔冤风波里

第一节 东窗毒计

东窗西门本无过,只缘怀毒人厌之。东窗之位、西门之姓,成了毒计、毒害、毒谋,以及人所不齿的代名词,甚至有些地方仍保留着这样一种风俗:在选择居室时,忌讳门朝西、窗朝东。关于"西门",大家耳熟能详。那么,"东窗"又是指什么呢?话说南宋高宗时期,"桧之欲杀岳飞也,于东窗下与妻王氏谋之",正是在"东窗"之下定下了一桩阴谋杀害岳飞的毒计,残酷地杀害了岳飞。

奸相秦桧为什么要杀害岳飞呢?秦桧与岳飞到底有什么血海深仇呢?这里有必要了解一下秦桧移宫换羽的过程。

秦桧并非"胎里坏",他也曾经是个"有志"青年。但是,他由于丧失信仰、贪生怕死,所以在遭遇变故时叛国投敌。

秦桧早年急切地想改变自身的处境,相当不满意自己曾是塾师的境遇,曾作诗抒发他"若得水田三百亩,这番不做猢狲王"的感慨,立志要出人头地。而后秦桧二十五岁就考中了进士,从此走上了仕途,算得上青年得意。公元1126年初,即靖康元年初,刚即位的钦宗面对金军的南侵优柔寡断。此时的秦桧还正义满满,上奏朝廷,认为不要对南犯的金军太怯懦，削弱自己的力量。是年年底，金兵包围京师汴京（今河南开封），逼迫宋廷割让三镇，秦桧再次上奏，请求朝廷加强守备，最多割让燕山一路之地。钦宗未予答复，秦桧开始不满宋廷割地求和，也不满朝廷无视自己的主张，所以怒而请辞。由此看来，秦桧早年也算是有血性的"主战派"。

是什么改变了秦桧？或者更确切地说，是什么变局暴露了他的本性，让他移宫换羽？是靖康之变。这个变局太血腥，太耻辱。徽钦二帝成囚徒，公主妃嫔成玩物，三千多名公卿朝臣成役夫，秦桧也裹挟其中被押往北方。靖康二年，也就是建炎元年，见风使舵的秦桧在金军中通过"厚赂"获宠。在二圣及公卿继续北上的情况下，唯独秦桧被留在燕山府（今北京），享受金人的贵族待遇，并获得金酋的赏赐，甚至还得到了金兀术的宴请。

公元1130年（建炎四年），前文已述，金兀术兵败建康，通过大运河北撤，而地处大运河关隘的楚州（今江苏淮安）守将正是"孤忠英雄"陈立。在陈立的坚守下，一座孤城竟让金军围困多日，久攻不下。秦桧与完颜挞懒随军同行，他有两个异常的举动。一是楚州攻守正在胶着时，秦桧却向楚州的守军写信劝降，这不是动摇军心吗？如果他还是那个充满正义感的秦桧，宁死也不会做这等下作的事。二是趁着金军取得楚州大捷之际，他携家眷逃离金营，取道逃回"行在"临安（今浙江杭州），归宋后还自称是杀了监视自己的金兵，抢了小船逃回的。如果说金军兵败，趁乱逃回，还有一点可信度，可是金军

第六章 衔冤风波里

大捷，到处都是金军，哪里可逃？唯一的解释就是完颜挞懒故意放还秦桧，让他成为埋入宋廷的一根楔子，待他在宋廷羽翼丰满时，祸乱朝政，杀害忠良，减少金人南侵的阻力。事实上秦桧拜相后，种种迹象都证实了人们的怀疑，只有昏庸的赵构还蒙在鼓里。

秦桧返朝入对，提出"如欲天下无事，南自南，北自北"的南北分治方略，并呈上宋金和议书。实质上，"南自南，北自北"是完颜挞懒的南北朝方案，秦桧是在执行金人的计划。时隔四年，那个曾经三次上奏、充满血性的秦桧突然口风大变，由主战派摇身一变成了主和派了。这也太反常了。难道宋廷没人识破？不尽然，只是秦桧的行动非常契合高宗的想法罢了。高宗甚至盛赞他忠心可嘉。随后秦桧以火箭般的速度晋升：建炎四年，任礼部尚书，相当于部长级别；绍兴元年，就升任参知政事，相当于国务院副总理；更让人大跌眼镜的是，五个月后直接拜相，相当于总理。由于秦桧擅权，引起朝政风波，另因秦桧的"南自南，北自北"的对策，说白了就是要想天下平安无事，就得河北人归还金朝，中原人归还刘豫。何其恶毒！高宗回过味来："朕为北人，将归何处？"随后降诏，于绍兴二年，罢其相位，不再复用。如果事情到此为止，也许就没有十二道金牌了，也没有岳飞冤死风波亭一说了。

绍兴五年，最窝囊的金太宗去世，完颜挞懒主政，宋金终于形成了议和局面。六年前完颜挞懒埋进宋廷的这根楔子该激活了，在金人使臣不断穿针引线之下，秦桧很快就东山再起。

·139·

绍兴七年真是个多事之秋，高宗决定授予岳飞更大指挥权时，金人就决定送还徽宗的梓宫以及高宗生母韦太后。高宗大喜过望，为了体现议和诚意，当即收回许诺给岳飞的成命，北伐化作了泡影。接着淮西军变，宰相张浚引咎辞职，而祸首秦桧却深藏不露，秦桧再次瞄准相位已经许久了。绍兴八年，秦桧二次拜相，完颜挞懒为了保住"楔子"在宋廷的牢固地位，给了高宗一点甜头，"先归还河南、陕西两地"。自此高宗对秦桧深信不疑，秦桧的地位更加牢固了。接下来金人"册封高宗为帝"，秦桧从中怂恿，高宗竟然屈己称臣，接受赐封，真是奇耻大辱！朝廷任由秦桧上下其手，排挤、贬放忠臣，褫夺良将兵权。

  在所有良将中，岳飞名声最大，地位最高。绍兴十一年，岳飞自十月含冤入狱，到年底还没有结案。数千人联名上书为岳飞鸣冤，秦桧不敢决断，怕激起民变。这一天，秦桧同妻子王氏在家里的东窗之下围炉饮酒，王氏冷冷地说："这有什么要紧？索性灭了他，免得多口。"秦桧不日就以莫须有的谋反罪，在万家守岁的除夕夜，残忍地杀害了抗金名将岳飞。秦桧死后，百姓恨之入骨，借民间故事解恨地演绎秦桧死后在地狱受刑，托言"东窗事发"，隐晦地表示谋害岳飞的阴谋败露，从此便有了这个成语。

第六章 衔冤风波里

第二节 千古奇冤

"千秋冤案莫须有,百战忠魂归去来。"[1]绍兴十一年的除夕夜,岳飞冤死风波亭。这是泱泱华夏的千古奇冤!岳飞何罪之有?谋反!证据何在?莫须有吧!荒唐的有罪推定,儿戏一样地草菅人命,冤哉!想岳飞自离开汤阴,整整十六年未归故乡,为了"还我河山"的光荣与梦想,多少次凭栏"遥望中原,荒烟外"[2]。"何日请缨提锐旅,一鞭直渡清河洛"[3]。这何止是一种乡愁?更是心怀天下,悲天悯人!怎奈皇帝苟且,奸臣构陷,岳飞满腔热血没染在疆场,却洒在了风波亭,最终身死钱塘,只有魂归故里,哀哉!

公元1140年(绍兴十年),岳飞第四次北伐,打出了岳家军的威风,取得了抗金以来最为辉煌的战绩,东起两淮,西到陕西,黄河以南的领土尽收囊中。这是岳飞人生中的高光时刻,然而高光很快就陷入至暗。进军朱仙镇点燃了多少人的热望?停兵于此,又让多少人陷入了绝望?面对十二道金牌,岳飞犹如五雷轰顶,五脏俱焚。奉诏班师,岳家军将士掩面痛

---

[1] 此联为清朝吴芳培所作"汤阴岳庙"楹联。
[2] 引自南宋岳飞《满江红·登黄鹤楼有感》中的词句。
[3] 引自南宋岳飞《满江红·登黄鹤楼有感》中的词句。

哭,老百姓拦路挽留。奈何君命不可违,等待岳飞的是凶险的前途。

既当巫婆又扮鬼——两头讨好。一头在宋廷,一头在金酋。在宋廷那里,秦桧是体察朕心、迎合圣意的"顺臣",不像岳飞那样不顺圣意。除掉了岳飞,秦桧从此高官厚禄,花天酒地,而且高枕无忧。在金人那里,他不费吹灰之力就彻底撼动了金人难以撼动的岳家军。岳飞一死,岳家军就失去了灵魂,至少让金兀术南侵时免去了屡遭挫衄的麻烦。假使金人灭了南宋,秦桧依然能在金人那里享受荣华富贵,真是机关算尽。

岳飞的死是金人的迫害、高宗的猜忌、秦桧的构陷等多重原因导致的联合绞杀,以岳飞一人之力,又如何能敌?其身处的权力漩涡看似复杂,实则极为明了。

第三节 屈死结局

岳飞的一生,真可谓功勋卓著。自投军以来,岳飞就把自己的青春、热血乃至生命都投入到抗金和荡寇的战场,心怀天下,毋以有己,从从九品承信郎到从一品枢密副使,跨越五十个军阶,十六年的时间到达了别人倾其一生也难以达到的高度。他两袖清风,没有华车豪宅,也没有妻妾成群;他战功赫赫,一生参加指挥的战斗近两百场,无一败绩;他肩起大宋

第六章 衔冤风波里

江山，收复失地，匡扶宋室伟业，不曾忘记。然而，自古太平将军定，不许将军见太平。英雄落幕，惨遭谗毁，岳飞蒙冤屈死，何其悲惨？这样的结局着实令人意难平。

岳飞班师后并不是立刻身陷囹圄，而是回到鄂州度过了不到半年的平静期。但他度日如年，每每想到"十年之功，毁于一旦"就"怒发冲冠""壮怀激烈"，他还在不切实际地梦想着"何日请缨提锐旅"。他一心要还我河山，无法享受片刻的安宁。

公元1141年（绍兴十一年）正月，淮西告急，对于岳飞来讲似乎是机会来了，然而对于高宗、秦桧来讲却是张网以待的契机。驰援淮西是岳飞人生中最后一战，也是岳飞第三次援淮西。正是这最后一战，让金兀术感到灭宋无望，宋金议和才提到议事日程。议和就像一张巨网已高悬于顶，只不过岳飞没有察觉而已。

既然可以议和，对宋廷来说，金人就不再是个大问题。朝中拥有重兵的武将反而使高宗坐立难安。如何办才好？宋太祖立国之初的"杯酒释兵权"就是最好的例子，只要如法炮制即可。所以只要办一场酒宴，举行"表彰大会"，就可以轻松地解决将帅手里的兵权，识相的人会主动交出。是年四月，在美丽的西子湖畔，春暖花开，朝廷举办了一场南迁以来盛况空前的庆功大会，"中兴四臣"在职的三位全部到场，大会宣布：提拔韩世忠、张俊为枢密使，提拔岳飞为枢密副使。这种明升暗降的套路历朝历代屡试不爽，但赵构的"释兵权"办得不顺畅,只有张俊最"识相",诏书一宣布他立马交出兵权。可是高宗最忌惮的韩世忠和岳飞有点"不识相",他就含蓄地进行敲山震虎,按照不表扬就是批评的逻辑表扬了张俊,韩世忠、岳飞却仍"执迷不悟",高宗就拿李光弼和郭子仪对比暗示,可韩世忠、岳飞依然"冥顽不化",因此高宗非常不快,准备用手段了。宋金已经议和,大局已定,这时将帅还执掌兵权,那就是对朝廷的最大威胁。朝廷还营造舆论:如果谁还执意主战,那就是破坏议和,那就是拥兵自重,那就是邀功希宠。帽子满天飞,不识相的早晚得被扣上一顶。

识相的张俊很讨巧,深得高宗的赏识,也被秦桧拉拢到身边。自此,这个贪鄙的小人充当起秦桧的鹰犬,开始了罪恶勾当。与岳飞一同去楚州检阅韩世忠的部队,本来就是秦桧指使张俊离间韩、岳关系而布署的,耿直的岳飞怎肯就范,但无论岳飞怎么说、怎么做,都会落入圈套。张俊回到临安就开始构陷岳飞,原本是投降派却以投降的罪名追究岳飞的责任。秦桧又派万俟卨(Mòqí Xiè)弹劾岳飞。是年七月,万俟卨上奏说岳飞"志满意得""日以颓堕"。第一条,奉旨驰援淮西,"稽违诏旨,不以时发"。大意是说延误时机,不按时发兵。第二条,此次楚州之行,岳飞说"山阳(楚州)不可守",有意"沮丧士气"。实际上,岳飞驰援淮西,带病作战,速度极快,曾得高宗嘉奖,所以第一条被否。但第二条使高宗震怒,"山阳要地……岂可摇动?""故其言如此,朕何赖矣?"岳飞一看自己失去了皇上的信任,一怒之下辞职了,的确有点意

第六章 衔冤风波里

气用事。但这对秦桧来说正中下怀，辞职就意味着要挟朝廷，辞职正好夺他兵权。岳飞一旦失去兵权，秦桧就可以肆无忌惮地向他伸出魔爪。是年八月，高宗削夺了岳飞的枢密副使一职及其他一切职务。

至此，岳飞无兵、无职、无权了。照说事已至此，应该罢手了，可是他们必置岳飞于死地而后快，因为他们担心岳飞会被重新起用，所以坏事做到底，杀死岳飞以绝后患。

接下来就是罗织罪名。这项工作最好的办法是找岳家军内部的人来诬告岳飞，只有他们说的话才有不容置疑的力度。这两个人就是"二王"：一是岳家军副统制王贵，是岳家军的领导核心，还是岳飞从河北带出的原班人马；二是张宪部下王俊。二人都与其主官有些过节，正好利用他们心中的怨恨。是年九月，王贵、王俊二人就写了告发状，说张宪（一说岳云）写信给岳飞，密谋在襄阳发动兵变，以夺回兵权。张俊眼中一亮，此罪必死，这是谋反啊！当即逮捕了张宪（一说岳云）。

就在九月，《绍兴和议》开始谈判。和议书中最为关键的一条是杀岳飞。这是金兀术的梦，既然真刀真枪我打不过你，我就以议和为砝码，杀掉一生的"噩梦"。最终高宗、秦桧为了表达"诚意"，真的杀死了岳飞。岳飞一死，《绍兴和议》立即生效，高宗迎回了宋徽宗的梓宫和生母韦太后。当然，《绍兴和议》也结束了长达十年的宋金战争状态，以屈辱换回了南北对峙、相对和平的局面。此是后话。

是年十月，尽忠报国的岳飞入狱，被送到大理寺审判，经严刑拷打并被逼迫承认"谋反"。他心直性耿的岳飞怎肯自污清白！岳飞袒露后背"尽忠报国"四字，参审的人员无不为之动容，坚信岳飞绝不会做出此等伤天害理的事情。万俟卨构陷岳飞谋反，但苦寻把柄不得，只得交与秦桧处理。韩世忠也曾追问秦桧："岳飞何罪之有？"秦桧答曰："莫须有。"是年十二月，岳飞入狱两个多月，诬告的证据也没能坐实，最后歹毒的王氏献一条"东窗毒计"，坚定了秦桧杀害岳飞的决心。

公元1142年1月27日，绍兴十一年的除夕夜，秦桧诬告岳飞受诏不救淮西、谩侮先皇（太祖赵匡胤）、意图谋反等罪名，将金戈铁马、以身许国的岳飞，以及其子岳云、部将张宪一同杀死于狱中。岳飞临刑前，在所谓的供状上写下八个大字："天日昭昭，天日昭昭！"

岳飞蒙冤屈死，大体上有两种说法比较盛行。一、"功高盖主说"：岳飞功劳太大，又不懂得掩其锋芒，使高宗感受到了威胁而心存猜忌，引来了杀身之祸。二、"得罪论"：岳飞在立储、妄迎二圣、不释兵权、反对和议等事情上，超出了高宗的忍耐限度，彻底得罪了高宗，同时又不懂与同僚交好，得罪了权贵，招致杀身之祸。不论如何，岳飞惨遭奸佞陷害，蒙冤入狱，最终屈死在大理寺风波亭中，为其短暂而宏伟的一生留下一个遗憾的结局。

第七章

武穆遗风

> 武穆遗风今犹在,童叟争唱满江红。
>
> ——题记

一颗耀眼的将星陨落了,但是将星在天穹闪烁的光芒并未消失,依然历历在目。世世代代的人们仰慕着英雄,一边也关注、关心着英雄身后的事,如:岳飞蒙冤屈死后,英雄的后人今安在?他们还好吗?岳家军何人挂帅,还是南宋的钢铁长城吗?如今的民间传说、文学创作给我们带来太多的美好记忆,而人们也愿意追寻英雄的遗迹,寻找英雄的遗物,睹物思人,感受英雄的温度,与英雄进行灵魂对话。

第一节　岳母刺字的真相

"岳母刺字"早已成为中华民族的母教典范。岳母与孟母、陶母、欧母并称为古代"四大贤母",被传为千古佳话,历代受人敬仰。正如一位诗人所云:"一位好母亲抵得上一百位老师。"[1] 没错!岳母姚太夫人在国家危亡之际,励子从戎、尽忠报国,是多么深明大义!正是这样一位伟大的母亲造就了一位伟大的英雄。那么岳母所刺何字?大家几乎可以异口同声地回答"精忠报国"。经典歌词"狼烟起江山北望,龙旗卷马长嘶剑气如霜",歌名正是《精忠报国》。但据史料记载,岳飞背上刺的是"尽忠报国"而非"精忠报国"。

大家可能很好奇,为什么史料中的"尽忠报国"变成了传奇中的"精忠报国"呢?"尽"与"精"虽然一字一音之差,但有其因果。曾经的高宗赵构,视岳飞为宋廷的立国柱石,视岳飞为可依赖的重臣,所以特赐给岳飞一面手书"精忠岳飞"的大旗,以示对他抗金有功的鼓励和褒奖。所以人们往往称岳飞为"精忠"元帅,因为"精忠"是皇上亲赐,所以可见"精忠"的分量,从此"精忠"就成为岳飞的特有标签。况且

---

[1] 引自威尔士诗人乔治·赫伯特的一句名言。

第七章 武穆遗风

岳飞秉承母训，从戎报国，确实"尽忠报国"，因此人们慢慢地就将"精忠岳飞"和"尽忠报国"混在一起，称为"精忠报国"。

我们先了解下传说中"精忠报国"和"岳母刺字"的源流。

"精忠报国"之说始于明朝。明代《精忠记》提到岳飞背脊有"赤心救国"的字样；冯梦龙修订的《精忠旗》记载"史言飞背有'精忠报国'四大字，系飞令张宪所刺"。

"岳母刺字"之说，最早见于清乾隆年间，钱彩《说岳全传》有一回目是"结义盟王佐假名，刺精忠岳母训子"。其故事梗概为：岳飞拒绝了杨幺使者王佐的聘用，岳母很是欣慰儿子的底线意识，不论如何都不能落草为寇，但恐怕日后还有不肖之徒前来诱惑岳飞，倘若一时失察，做出不忠之事，英名就会毁于一旦。于是岳母在岳飞背上刺了"尽忠报国"四字，起到时时提醒、让他永生铭记的作用。

"岳母刺字"名垂千古，它寄托了一位深明大义的母亲对儿子的殷殷期望。而岳飞终其一生都在遵从母训、践行母训，体现了岳飞"孝"的品质；他刺进肉里、刻进心上的"精忠报国"，又体现了"忠"的品质。岳飞始终秉持并身体力行了忠与孝这两种主流价值观，这是中华民族的传统道德观念，更是反映了统治者普遍认同和大力倡导的"移孝作忠"和"忠臣求于孝子家"的观念。

再来看看史料中"尽忠报国"的记述。"尽忠报国"始见元人所编《宋史·何铸传》，绍兴十一年，岳飞遭诬告谋反，被投入大理寺（风波亭）中，奸人妄图坐实罪证，进而加以谋害，当时的大理寺官员何铸审理此案。面对奸人的欲加之罪，而且是万罪之首的谋反，岳飞愤怒之下，一把撕开自己的衣襟，露出他的后背。何铸亲眼所见，"背有旧涅'尽忠报国'四大字，深入肤理"。意思是岳飞的后背上有黑色的刺纹，非常醒目的四个大字"尽忠报国"，已经深深嵌入皮肤里不知多久了。言外之意，擦不掉洗不净，短时间内造假是不可能的。这就是"尽忠报国"最初的史料记载。

但史料未注明此四字出自岳母之手。尽管如此，"岳母刺字"也不能肯定就是"非历史"，为什么呢？因为当年秦桧为了掀起"岳飞风波"，大量地篡改和毁灭历史资料，也许后世著史的人认为背刺"尽忠报国"四字，足以凸显岳飞的爱国精神了，至于何人所刺，是否是岳母所刺，无关紧要。至于岳飞之孙岳珂在《鄂国金佗稡编》里，虽然没有提及"尽忠报国"和"岳母刺字"，但记载了岳母姚太夫人勉励儿子"从戎报国"一事。

按照《唐门岳氏宗谱》，"尽忠报国"四字是靖康初年岳母姚太夫人所刺。公元1126年，靖康元年，金兵大举南侵，岳飞第三次投军。临行前，岳母姚太夫人把岳飞叫到跟前，问道："现在国难当头，你有什么打算？"岳飞答道："到前线杀敌，尽忠报国！"岳母姚太夫人听了十分满意，这正是母亲对儿子的希望。她决定把"尽忠报国"这四个字刺在儿子的背上,让他永远铭记在心。岳母姚太夫人先在岳飞背上写了字,然后用绣花针刺了起来。但"国"字没有一点,象征着国内暂时无首。刺完之后,岳母又涂上醋墨。从此,"尽忠报国"四个字就永不褪色地留在了岳飞的后背上。母亲的鼓舞激励着岳飞,岳飞投军后,因作战勇敢,多次打败金军,受到宗泽的赏识,盛赞他"智勇才艺,古良将不能过"。连金军都感叹"撼山易,撼岳家军难"。十几年如一日,岳飞牢记母亲的嘱托,终于成为著名的抗金名将、千古传颂的爱国英雄。

按照《精忠旗》,"史言飞背有'精忠报国'四个大字,系飞令张宪所刺"。公元1127年,靖康二年,汴京城破,二帝被掳,北宋灭亡。岳飞惊闻噩耗,如遭晴天霹雳,悲愤不已,在这国破家亡之际,大宋儿郎立下宏愿——雪洗靖康之耻。然而岳飞满腔仇恨、一腔热血无以表达,便命部将张宪在自己的后背上刺下"精忠报国"四字激励自己。张宪迟疑许久下不了手,岳飞怒道:"拼头颅报效朝廷,损肌肤惧何痛楚?"张宪无奈,只得从命,血迹未干,涂以墨汁,是为"背涅"。

不论是不是岳母所刺,岳飞的尽忠报国都是铁定的事实。

第二节 "还我河山"背后的故事

走进岳庙,最吸引眼球的是一像一匾,尤其是匾中气势如虹的"还我河山"四字手书：字不动却有舞之意；书不言竟有怒之声。能让人产生通感的艺术，才是最高境界的艺术。铁画银钩的笔法低沉而雄壮，矫若惊龙的笔势激情而豪放。岳飞，好一位顶天立地的大英雄！他枪一提，直杀得敌军抱头鼠窜；笔一挥，遒劲的力道入木三分。好书法、英雄字，横绝古今。连明太祖朱元璋在看到了岳飞的书法时都感叹"书如其人"。有没有颠覆我们过去的认知呢？只知文臣会打仗，原来武将亦风流！

然而，这幅英雄字"还我河山"的背后，却隐藏着一段鲜为人知的故事。

"还我河山"走进人们的视野，与岳庙息息相关。中国的三大岳庙也颇耐人寻味，三座岳庙的布局完整地勾勒了岳飞"生—战—死"的一生：生地汤阴岳飞庙，战地朱仙镇岳飞庙，亡地杭州岳飞庙。无论哪座岳庙，现在都有一处相同的陈设——大殿正中的位置都塑有一尊身着紫色蟒袍的岳飞坐像，头顶上高悬"还我河山"的四字巨匾。如此创意，代表了岳飞一生的夙愿：要从金人那里夺回本属于自己的国土。我们留下一个疑问：这个标配，古已有之吗？

尤其杭州岳王庙，建庙最早，始建于南宋嘉定十四年（公元1221年），离岳飞蒙冤屈死整整80年，其他两座几乎到了明朝才得以修建。杭州岳王庙的八幅壁画"勤学苦练""岳母刺字""收复建康""联结河朔""还我河山""郾城大捷""被迫班师""风波冤狱"高度浓缩了岳飞成长、母教、

第七章 武穆遗风

战功和蒙冤的四个阶段。这位伟大的抗金英雄,在任何历史时期,都是激励爱国的最好典型。

1931年"九一八"事变后,中华民族被迫发出了抗日救亡的吼声,急需从一位爱国英雄的身上汲取精神力量,有识之士不约而同地想到了岳飞。一时间人们争唱《满江红》,临摹题写"还我河山"。这是危难中的国人在怒吼,这是向日寇宣战的誓言。岳飞的诗词和手书激发了爱国热情,鼓励着中华儿女毅然决然地奔赴抗日杀敌的战场。这是岳庙久盛不衰的原因之一,因为岳庙寄托了人们对英雄的敬仰之情。

今天,我们凝神仰观"还我河山"四个大字,依然感觉其遒劲有力,气势磅礴,一气呵成,一挥而就,非常符合岳鹏举铮铮铁骨的气质,也非常契合岳武穆浩然正气的风格。遗憾的是,"还我河山"这四个字其实并非岳飞亲笔所写。这四个字是怎么来的?这里有一个似是而非、既非且是的故事。

说这四个字不是岳飞所写,是从书法的角度来讲的,说这四个字是岳飞所写,又是从字的书写来说的。文字的书写形式不就是书法吗?何必这么绕?书法还真不同于一般的文字书写,书法堪称一门艺术,所以在书法中,有布局规律,字与字之间不是各不相干、彼此孤立的,而是相互联系的有机整体,因此书法必须注意"气"。一般人看"还我河山",是一笔挥就,一气呵成,可如果你仔细研究,就会发现"还我河山"四字之间缺少一点笔意的勾连,缺少一点连贯的气势,这就不能称之为一气呵成。

"还我河山"是怎么来的呢？据有关文献记载，是江苏嘉定（今属上海）文字学家、清末秀才周承忠集钩而成的。"集钩"有点晦涩，说白了就是用如今"抠图"的方式，从岳飞的书法真迹中，抠字形成"还我河山"。因此四字之间略显孤立，缺少"气"的连贯，从这个角度讲，"还我河山"这四个字不属于岳飞的书法，但每一个字又取自岳飞的真迹。绕了半天，这就是为什么"还我河山"似是而非、既非且是的原因。

周承忠何许人也？清末民初大师辈出，而周承忠却淹没在大师的海洋之中，但他在某个领域小有名气，文字功底比较厚实，也是书法大家赵朴初、武侠小说家金庸共同的老师。所以童世亨在出版《中国形势一览图》时，邀请他在这本书的扉页上，书写"还我河山"四字，而周承忠唯恐自己书写得不称意，遂从旧藏石刻岳武穆的拓本中集钩而成，最后交差。

周承忠又是怎么做到的呢？他应该收藏了大量的石刻拓本，他非常熟悉岳飞的书法作品，在岳飞手书《吊古战场文》中，尽含"还""我""河""山"四字。其中"还""河""山"独立成字，而"我"找不到原型，只好取"義"的下半截。据周承忠自述，在《吊古战场文》碑拓中，从"秦汉而还，多事四夷"句中取"还"字；从"奇兵有异于仁义"句中取"义"的繁体"義"的下半截"我"字；从"河水萦带，群山纠纷"句中取"河""山"两字，组合而成"还我河山"四字，加上岳飞的落款和印章，组合成为一幅岳飞手书的"还我河山"。

第七章　武穆遗风

公元1920年，在童世亨的《中国形势一览图》出版之前，各地岳庙没有"还我河山"四字巨匾，大都以"精忠报国"代之。正是因这本书，才有了"还我河山"题字。当时的排版是竖排下行，分为两排，右排"还我河"三字，左排一个"山"字，下为落款及名印。落款及名印也是集钩而成，落款取自《出师表》碑拓的署名"岳飞"，名印取自杭州岳庙的石刻"岳飞私印"四字方章。这本书扉页上的字、款、印取自三处，集钩而成岳飞的"手书"。从此，各地岳庙统一标配，岳飞坐像上悬挂"还我河山"巨匾，但打破了过去竖排下行的排法，变成横排左行的版式。无论如何，周承忠集钩而成的"还我河山"，真正代表了岳飞的夙愿。

宋朝时期，会带兵打仗的文臣不可胜数，但会打仗的武将儒雅风流的不多。岳飞以其脍炙人口的《满江红》《小重山》，在文人荟萃的词作家中争得一席之位；以其刚劲不柔的《出师表》《吊古战场文》，以及自填自书的《满江红》，在名家辈出的书法界崭露头角。

第三节　岳王遗迹

岳飞生前最高职务是枢密副使加少保，相当于国防部副部长，兼辅导太子的官职。岳王是岳飞蒙冤得雪后皇上的追封。绍兴三十二年（1162年），岳飞离世二十年，宋孝宗即位，冤狱终得平反昭雪，公元1178年，即淳熙五年，孝宗为岳飞追谥为武穆；宁宗时追封为鄂王；理宗时改谥为忠武。从此便有了"岳武穆""岳鄂王""岳忠武"等荣称，这些荣称也反映了后人对岳飞的敬仰之情。

岳王，是皇上追谥的"王"，也是后世敬仰的"王"。为了这份敬仰，这里就称岳王。岳王生前生活战斗过的地方，至今保留了大量的遗迹遗址，让后人不断地寻踪、瞻仰。

一是岳王出生之地汤阴。公元1103年3月24日，即北宋崇宁二年，岳王生于河北相州汤阴县永和乡孝悌里。靖康之变，岳王出生地荡然无存。汤阴岳王庙重建于公元1450年，即明朝景泰元年。除了岳王庙，岳王唯一存世的遗迹便是那行草相杂、笔飞墨舞的《书谢朓诗》碑文。谢朓就是被诗仙誉为"蓬莱文章建安骨，中间小谢又清发"的"小谢"，他的一生不预其谋，反遭诬陷，下狱而死。几百年后仍有知音是幸运的，然而书其诗、寄其志的岳王却是不幸的，蹈人旧辙，遭谗衔冤。

二是岳王蒙冤之地临安。公元1142年1月27日，那一年的除夕夜，正是万家灯火、守岁跨年的日子，岳王被秦桧以莫须有的谋反罪陷害，冤死在风波亭，从此，埋下了哀惋英雄和痛恨奸人的种子。岳王惨死的当晚，狱卒隗顺心有不忍，冒着生命危险连夜背起岳王遗体逃出临安城，偷埋在九曲丛祠旁。岳王后人将隗顺视为恩人。公元1162年，宋孝宗即位，以退位的高宗之名下诏为岳飞平反，将岳王遗骸以一品官之礼

第七章 武穆遗风

改葬于杭州栖霞岭南麓,是为"岳飞墓",元朝时改称"精忠庙",明朝时又改称"岳王庙",现在墓庙同存。在岳王墓门的下边有四个铁铸的人像,反剪双手,面朝墓门而跪,即陷害岳飞的秦桧、王氏、张俊、万俟卨四人。然而奸人跪忠像,在历史的长河中还有"始二增五又回四"的过程,这是怎么回事呢?明朝成化年间,为表达民众对岳王的敬仰及对秦桧的憎恨之情,首次用铁铸秦桧夫妇的二人跪像;正德年间,增加了万俟卨的跪像;后来又增加了张俊的跪像;清朝时再增罗汝楫的跪像。自此奸人跪忠像"始二增五"。雍正年间,觉得罗汝楫不出名,便将其像移除,最终形成前述"四奸跪忠",令奸佞永世跪在岳王墓前忏悔,备受世人唾弃。汤阴、朱仙镇岳庙仍然保留"五奸跪忠"。跪像的背后墓门上有副联非常知名:"青山有幸埋忠骨,白铁无辜铸佞臣";墓前的照壁上嵌有"尽忠报国"四个大字。岳王墓庙为西湖景观增添了历史的厚重感,体现了岳飞的爱国主义思想,在传承爱国主义精神、增强凝聚力方面具有重要的现实价值。

三是岳王七进之地宜兴。公元 1130 年,金兀术搜山检海捉赵构,渡江南进。官员们力请岳飞来解救宜兴之危,并筹措十万石军粮。岳王在宜兴抗金荡寇,不仅对百姓秋毫无犯,还帮助民众建坝筑闸,修桥造堤,百姓感恩戴德,因此建起了岳飞生祠。"生祠"是一个充满了传奇色彩的字眼。二十八岁的岳飞,活着的岳飞,抗金事业还没有名满天下的岳飞,竟被宜兴人建祠烧香膜拜,这是何等的功德!岳王一生七驻宜兴,获得了粮草兵员补充，奠定了岳家军发展的基础，其间经历抗金战役大小十来次，包括著名的宜兴"百合场"战役。《宜兴县志》记载："岳飞勤王，间道追金兵于南岳寺，战百合，大捷。"即在宜兴西郊的百合村，岳飞大战金兀术一百个回合，因此以"百合村"作为地名，且沿用至今。岳家军与宜兴百姓结下了深厚情谊，为了便于岳家军转移，调度粮草，百姓星夜赶筑了一条行军长堤，后人称为"岳堤"。

岳王娶宜兴人李娃为妻，生下岳霖、岳震、岳霆三个儿子。岳霖被封缵（zuǎn）忠侯后，从江州回到宜兴。至今，宜兴周铁镇彭干村仍存有岳王衣冠冢和缵忠侯岳霖墓，是宜兴重要的历史文化遗存，也是国内外岳王后裔心目中的圣地。宜兴是岳王第三子岳霖出生及其后裔繁衍生息的地方，宜兴至今仍有八百余岳氏子孙。

四是岳王的第二故乡江州（今江西九江）。公元1132年，岳飞升任为江南西路制置使，驻屯江州。岳王将饱受战乱之苦的家属安顿于庐山石门涧旁，自此，大量的乡族南迁于江州，依族而居，赛阳镇因此形成了著名的"岳家市"，还有"岳氏名园"等石刻遗迹。公元1136年，岳母姚太夫人在襄阳军营中去世，岳飞千里扶榇，还葬江州，今庐山脚下的株岭东建有岳母姚太夫人墓和岳妻李氏墓。人们常说有祖坟的地方就是家乡，对于生于汤阴的岳飞、岳云、岳雷等，江州就是他们的第二故乡。公元1162年，岳飞冤狱昭雪，岳震、岳霆回到了江州，官府在岳家旧址上修建了岳王祠，延续了八百多年。

五是岳王屯军之地鄂州（今属湖北武汉）。公元1134年，即绍兴四年，岳飞兼任荆南及汉阳军制置使，曾带领岳家军驻屯鄂州，这一住就是七年。这里是岳王驻留时间最长的地方，也是他四次北伐的出发地。在如今的武汉留下了丰富的遗址、遗迹及地名传说，至今为人们所津津乐道。在武汉最知名的归元寺附近有一地名"冰塘角"，曾是岳王屯兵的地方。岳家军在此安营扎寨、不惊扰百姓的故事传为美谈。为纪念岳家军，人们将其驻地的阁楼取名为"兵藏阁"，阁楼虽遭损毁不存，但阁楼的名字作为地名流传下来。由于武汉方言的原因，"兵藏阁"就讹变为今天的"冰塘角"。

绍兴十一年，鄂州百姓惊闻岳王蒙冤的噩耗，悲愤不已。他们募资修建了报国庵，将岳王生前所书"精忠报国"四个大字制作而成的匾牌悬挂于庵堂内正殿上方，岁岁祭祀这位英雄。如今报国庵虽被拆除，但街巷仍名为"报国巷"，意在岳王精忠报国永续流传。武汉于21世纪修建了一座桥，以"鹏举（岳飞的表字）桥"为名，这表明今天的武汉民众依然对岳飞非常崇敬。

六是岳王停兵的朱仙镇。朱仙镇因相传朱亥在此隐居成仙而得名，位于河南开封以南四十五里，是岳王第四次北伐的最后一战所在地。眼见胜利在望，高宗十二道金牌急催班师，自此岳王停兵于此。"如何一别朱仙镇,不见将军奏凯歌。"[1]朱仙镇岳庙始建于公元1478年,即明朝成化十四年,有一副石刻对联饶有趣味。上联:若斯里朱仙不死,知当日金牌北招,三字含冤,定击碎你这极滔天黑心宰相。下联:即毗邻关圣犹生,见此间铁骑南旋,万民留哭,必保全我那精忠报国赤胆将军。由此可见人们对秦桧的恨以及对岳王的爱。

各地留存的遗址、遗迹和有关的地名传说,穿越千年历史,仍然成为激励一代又一代人踔厉奋发的宝贵精神财富。

第四节 何人挂帅?

岳飞生前,打造了一支令金军闻风丧胆的岳家军,岳飞去世后,岳家军去哪了?何人挂帅?还能抵得过金人的虎狼之师吗?岳家军的灵魂人物岳飞蒙冤屈死,如果岳家军的核心仍在,那么岳家军的军魂就在;军魂不散,还是一支保家卫国、战无不胜的队伍。遗憾的是,先后两个接替岳家军帅旗的人,尽管在抗金的战场上也有过不俗的表现,怎奈心术不正,人品令人不齿,在岳家军中的影响力断崖式地下跌,导致了岳家军每况愈下,战斗力疲软,由当之无愧的常胜军沦落为常败军,实在是令人痛心疾首。

---

[1] 引自明朝于谦《岳忠武王祠》中的诗句。

第七章 武穆遗风

岳飞生前非常重视岳家军后备力量的培养，在他身边凝聚了一批出色的都统制，如王贵、张宪、岳云、牛皋等。他们跟随岳飞，身经百战，都是不错的接班人。张宪与岳云遭谗蒙冤死于风波亭；牛皋在小说中则是"气死兀术，笑死牛皋"的结局。史料载，秦桧杀害岳飞后，十分惧怕牛皋，几年后用毒酒将其害死。岳飞培养的接班人都死了，所以岳家军"硕果仅存"的都统制王贵，就成了执掌帅旗的不二人选。

王贵是岳家军的第一个接棒人。看到这里，要是感谢秦桧还有恻隐之心，没有斩草除根，为岳家军留下一个得力的接班人，那就大错而特错了！秦桧之所以选择王贵接手岳家军，是因为在构陷岳飞时，王贵背叛了有知遇之恩的岳飞，与秦桧、张俊蛇鼠一窝，人品令人所不齿。尽管如此，秦桧还是对他放心不下，担心他日后带领岳家军造反，不久便将他免职。这就是背信弃义之人的下场。

王贵与岳飞是老乡，都是相州汤阴人，他与张宪是岳飞的左膀右臂，在岳家军中做到中军统制，实际是二把手，相当于岳家军常务副元帅，以稳重老到著称。在评书中，王贵被塑造成了忠义无双的大将，在得知岳飞、张宪等人遇害后，王贵与其余众将商议准备兵发临安，为岳帅报仇。岳飞显灵，不准他报仇，无奈之下他与牛皋一起，在太行山上自立为王，最终抑郁而亡。事实却大相径庭，王贵是个忘恩负义之辈、蝇营狗苟之徒。

王贵为什么背叛一个对他恩重如山的人呢？世上没有无缘

无故的恨。他因临阵怯战受到岳飞责罚，心中有恨；苍蝇也不叮无缝的蛋，他有把柄被张俊抓住，受其胁迫而背叛岳飞。总之，没骨气、不干净、苟且偷生才是他的真面目，不配"稳重老到"之评。王贵背叛，终成奸人的帮凶，对岳飞来说是致命一击。

王贵很快被踢出岳家军，快到什么程度呢？岳飞死后不到两个月，他就离军赋闲了。从此拥有十多万人马、差不多占南宋军队三分之一的岳家军每况愈下。

张俊接替王贵执掌岳家军帅旗，他是岳家军的第二接棒人。张俊与岳飞都是南宋"中兴四将"之一，也是同时提拔的枢密使，不过岳飞是枢密副使。不同的是他与岳飞分属两个阵营，他倒向投降派，协助秦桧推行乞和政策，而岳飞与韩世忠一直是坚定的主战派；他是见风使舵的小人，在赵构重演"杯酒释兵权"的大戏里，"识相"地全身而退，而岳飞是不忘初心的君子，始终坚持"收拾旧山河"的梦想；他欺名盗世，大败金兀术十万大军的柘皋之战，他根本未参战，却以柘皋之功升为枢密使；他是陷害岳飞蒙冤的奸人之一，是追随秦桧捏造伪证，胁迫王贵诬陷岳飞，促成岳飞冤狱的罪魁；他是岳庙前铁铸的奸人跪忠像之一，永世遭到世人唾弃。

张俊贪婪好财。《夷坚志》记载：他通过巧取豪夺，占有了大批园苑、宅第。仅房租一项，年收入就是个天文数字——七亿三千万文钱；占有的田地面积有一百多万亩；家里的银子堆积如山，为了防盗，将那些银子铸成一千两一个的大银球，

第七章 武穆遗风

名叫"没奈何",意思是小偷搬不走,拿它没办法。其奢靡敢于向和珅叫板。最能体现他富有的是"绍兴大宴",公元1151年,即绍兴二十一年,他举办了中国历史上最大的筵席,当然宴请了高宗皇帝,其豪华程度不亚于六百年后的乾隆千叟宴。

张俊一生中最大的功劳就是"拥帝定国"。靖康之难后他断然拥立赵构登基,赵构能不感激吗?他擅长揣摩上意,懂得观风望旨。提升枢密使时,他深知皇上演的是"杯酒释兵权"的大戏,便乖乖地交出兵权,赵构能不喜欢吗?《宋史》载:张俊"附桧主和,谋杀岳飞,保全富贵,取媚人主,其负戾又如何哉?"大意是张俊炮制伪证,促成岳飞冤狱,现在永世跪在岳飞的墓前请罪,应该是罪有应得。

打乱军队编制,瓦解岳家军,赵构、秦桧是这场阴谋的策划者,张俊就是这场阴谋的得力干将。派张俊接掌岳家军,就是有意瓦解岳家军。张俊也不含糊,接任之后,做垮岳家军,整没岳家军。我们说提高一支队伍的战斗力是个漫长的过程,但是削弱一支队伍的战斗力是一朝一夕的事。放纵人的惰性,瓦解人的斗志,减少或者取消训练,涣散军纪,没多久岳家军的战斗力就断崖式下跌,张俊很快就达到了目的。一次洞庭湖出现匪患,朝廷派岳家军剿匪,结果派出三千人竟打不过几百人的匪徒,可见岳家军在张俊的操弄下已成烂肉一块了。

当年那支威震九州、所向披靡、屡建奇功的岳家军,在大元帅岳飞的带领下,抗金荡寇十余载,纵横江汉淮黄,四次北伐,收复失地,以"还我河山"为荣耀,打得金军发出了"撼

山易,撼岳家军难"的慨叹。可是,张俊接管后,令敌人闻风丧胆的岳家军瞬间失去了往日的风采。十万岳家军最终的归宿:一部分将领或战死或被害死,一部分将领或被放逐或被遣散,一部分卖主求荣而升迁;十二支统制军,最为著名的背嵬军归为禁卫军,踏白军、游奕军归为他部,其余卸甲的、遣散的、落草的不计其数,总之七零八落,岳家军最终消失在历史的长河中。

第五节 岳门后人

公元 1142 年 1 月,宋廷制造了一起震天骇地的冤案,年仅三十九周岁的岳飞,被构陷犯下"莫须有"的"谋反罪",因此被害死在风波亭。注意一点,罪名是"谋反罪",证据却是"莫须有"。这句模棱两可的话,是奸人秦桧专门为岳飞创造的。岳飞死后,他的家人受到的是流放之刑,那么岳飞的家人都流放去了哪儿呢?

若要了解岳飞家人的去向,就要先了解一下岳飞的家庭。岳飞一生不纳妾,但先后有两任妻子,共育有五子一女,女儿名叫岳安娘,五个儿子分别是岳云、岳雷、岳霖、岳震、岳霆。

第一任妻子刘氏,是岳飞十六岁时在老家汤阴与之结发为妻的,育有两子一女,分别是岳云、岳雷和岳安娘。岳飞二十

第七章 武穆遗风

岁从军，二十四岁以后再未回乡，留下妻子刘氏在家养育子女、照顾母亲，没想到刘氏忍受不了孤寂和艰苦，愤而改嫁，后来岳飞谅解了她，并给予一些钱财资助，与刘氏解除婚约。

第二任妻子李娃，在刘氏改嫁后、岳飞七进宜兴时与之相识，两人情投意合，于是结为夫妻，育有三子，岳霖、岳震、岳霆。李娃是岳飞的贤内助，她对丈夫忠贞，对婆婆孝顺，对家庭负责，真的是贤良淑德。特别是在岳飞蒙难后，她的表现可歌可泣。李娃与继子岳雷流放到岭南，承受无尽的白眼，吃尽了苦头。公元1161年10月，根据宋廷诏令恢复正德夫人封号，晋为楚国夫人，她才回到江州。去世前，她嘱咐家人要将自己葬在庐山，陪伴婆婆姚太夫人，她延续了一直以来对婆婆的孝道，感动了无数人。

长子岳云，十二岁就离开家乡跟随张宪征战。岳飞被冤枉入狱时，岳云也被诬陷入狱，秦桧、万俟卨向高宗上报奏状，提出将岳飞处斩刑、张宪处绞刑、岳云处徒刑的最终判决，也就是流放岳云。那赵构为什么要杀岳云呢？因为有"赢官人"之称的岳云，以勇闻名军中，深为金人所忌惮。所以，大概是怕金人不开心，赵构才不同意留下岳云的性命，将他与岳飞一起处斩。岳云被害时只有二十三岁，他生前育有三个孩子：岳甫、岳申，还有一个女儿岳大娘。在岳飞沉冤昭雪后，岳甫曾在南宋官至吏部尚书，影响力很大。岳云的直系后代大多生活在今天安徽省合肥地区，据说有上万人。

次子岳雷。年仅十六岁的岳雷跟随继母李娃流放到岭南，宋朝时期的岭南包括现在的广东、广西和云南等地。岳雷被禁锢长达二十年之久,直到岳飞的"莫须有"罪名得以昭雪。关于岳雷史料不详,他的结局有两个版本:一种说法,因岳飞冤狱得雪,他官至翰林院大学士,晚年居江苏丹阳,育有岳经、岳纬、岳纲、岳纪四子,均封官职;另一种说法,岳雷并没有等到昭雪的这一天,就在岭南抑郁而死。但在《说岳全传》中,岳雷被神化,他受宋孝宗的旨意挂帅领兵北上,击溃金军并夺回大片失地,完成其父的遗愿。

三子岳霖。岳霖被流放时仅有十二岁,他被流放到当今的广东惠州,后来就在当地娶妻生子,育有两儿一女,女儿岳璎,儿子岳琛、岳珂。岳飞冤狱得雪后,岳霖被封为缵忠侯,他带着家人回到宜兴。家族人数众多,他们选择的目的地也不一样,有的回到岳飞曾经驻守的鄂州(今属武汉),有的回到岳飞定居的江州(今九江),还有一部分去了南宋都城临安(今杭州),岳霖这一支人丁兴旺、人数最多、分布最广,从此遍布世界各地。

四子岳震、五子岳霆。岳飞蒙冤受难时,他们两个还年幼。由于当时两人都寄居江州,噩耗传来时,族人们誓死保护岳飞的骨血,于是将兄弟俩偷送到江北。为了躲过朝廷追查,两兄弟改姓鄂,隐居在黄梅县大河镇,从此之后,岳震和岳霆就过着隐姓埋名的生活。孝宗登基,岳飞冤案得以平反,岳震、岳霆才恢复岳姓。岳震被授予朝请大夫、江东提举等职位;岳霆原名叫岳霭,被孝宗赐名为岳霆,担任朝散大夫、潭

第七章 武穆遗风

州守宗正节使，死后被追封为续忠侯，与岳震合墓葬在黄梅县，现今那里仍有大宋岳飞之子岳震岳霆之墓的石碑，被后世虔诚供奉。岳震育有六个儿子，岳霆育有三个儿子，都曾在朝廷担任官职，但都是很小的官。其中，岳霆的后裔在全国分散居住，湖南邵阳、安徽阜阳、湖北黄梅、河南各地都有。

四子岳震、五子岳霆闻变逃难后隐姓埋名。有一部分后代逃到安徽省亳州市涡阳县，将"岳"字上下颠倒为姓，经过多代繁衍，发家成庄，庄以姓得名。

女儿岳安娘，在史料中的记载很少，只知道岳安娘后来嫁给了高祚。

女儿岳银瓶，民间相传她也是岳飞之女。由于在史书和《鄂国金佗稡编》中没有关于她的记载，岳银瓶可能只是个传说。在小说中，她本名叫岳孝娥，父兄被害后，她悲痛欲绝，因为有冤无处申，所以在悲痛之下投井自杀了。相传在宋理宗时期，她被封为"至一正烈节女、清源妙行、仙宫通灵显圣银瓶娘子"；元朝的时候，朝廷还在西湖建岳银瓶像，称为"银瓶娘子庙"。而在汤阴的岳王庙，分别有孝娥井和孝娥祠。

在岳飞的后代中名人辈出，比如岳飞之孙、岳霖之子岳珂，他是南宋著名学者，著有《鄂国金佗稡编》，为岳飞辩冤，此书是研究岳飞的重要资料。清朝时，岳飞的二十一世孙岳钟琪，任宁远大将军，被乾隆誉为"三朝武臣巨擘"，史称"终清世，汉大臣拜大将军，满洲士卒隶麾下受节制，钟琪一人而已"。而在现代，岳飞的三十一世孙岳德功，改名岳天，是抗日名将，被授予"空军乾元"称号。

岳飞的老对手金兀术，一生中对辽军、宋军可以说攻无不克，然而遇到岳飞，却碰到了硬茬儿，发出了"撼山易，撼岳家军难"的慨叹。岳飞的蒙冤屈死与他有关。他在战场上从未胜过岳飞，却以杀死岳飞为条件达成《绍兴合议》，这就是他的阴招。这个老对手死后非常悲惨，公元1150年，完颜亮一上台就将金兀术的子孙七十余口全部杀光。金兀术在内讧中落得个被灭族的下场。

第八章

忠义之士千古

> 忠义之士颂千古，不朽英雄讴万年。
>
> ——题记

历史的长河淘尽了无数英雄，然而凡有井水处，尽知岳飞。岳飞自幼熟读兵法，精通武艺，为了尽忠报国，四次投军，四次北伐，力主抗金，收复失地；廉洁自律，军纪严明；一生历经近二百场战斗，无一败绩。这些优秀的品质是抹杀不掉、篡改不了的。岳飞的一生，有家国情怀、民族大义，尽忠报国，是抗金名将，是爱国英雄。但岳飞有"至刚"的性格缺陷，这才是英雄人物的立体形象。英雄人物终究还是人，不是神。

第一节 至刚性格

"舌为柔和终不损,齿因坚硬必遭伤。"[1]这句话暗含了中国人的人生哲学:刚则易折,柔则长存。就像人的牙齿总是硬碰硬,其结果就是人未老、齿先落。后世评价民族英雄岳飞:沉默内向、做事沉稳、不善外露、刚毅朴实、英烈慷慨。他是我国古代著名的悲剧英雄人物,他的一生是对南宋政权的竭诚尽忠,对中原沉沦的深重忧患,他执拗地揣着还我河山、直捣黄龙、迎回二圣的强烈愿望;他虽然百战百胜、屡建奇功,但是性格刚毅而执拗,暗藏祸根,是他蒙冤屈死的一个重要因素,是他人生悲剧命运的"草蛇灰线"。

那么岳飞的性格是怎么形成呢?环境对人的性格形成和发展起着决定性作用,难怪"孟母三迁"了。岳飞生于北宋时期一个普通的农民家庭,饥荒、洪水、贫困、劫难养成了他刚毅而执拗的性格。投军后,战火、强敌、恐惧、死亡更需要他以刚毅而执拗的性格来面对战争环境;参战以来,他无论遇到多么硬的骨头都敢啃,多么强大的敌军都被他打得嗷嗷叫。也许是因为苦难、战火伴随了他的一生,所以磨炼

---

[1] 引自元末明初文学家施耐庵《水浒传》二十七回。

第八章　忠义之士千古

出他刚毅而执拗的性格。

"刚毅"从正面讲就是执着、百折不挠；从负面讲就是执拗，是人际关系的短板。性格执着铸就了一位卓绝群伦的军事家，造就了一位纵横疆场的抗金名将，成就了一位名垂千古的英雄。在中国封建专制社会中，岳飞的执拗导致其沦为政治牺牲品。岳飞尽管官至枢密副使，但绝不是一个老奸巨猾的政治人物。他一生始终执拗地怀揣着还我河山、直捣黄龙、迎回二圣的雄心大志，与封建王朝统治阶层偏安一隅的愿望相左，其结果就是壮志难酬，蒙冤屈死，最终逃不出悲剧结局。马基雅维利[1]曾经讲过："政治的本质，说白了就是权力斗争。"权力斗争往往是以牺牲他人的生命为代价的，权力斗争是没有硝烟的战场。在这种战场上岳飞是外行，他的天地是真刀真枪的战场。

处在权力中心的高宗赵构的意图、动机，才是岳飞悲剧的根源。

靖康之变，随着徽钦二帝北掳，北宋灭亡。赵构侥幸逃脱，在应天府（今属河南商丘）建立了南宋政权。这时赵构的动机是苟且偷生。他只想避战求和，不敢跟金人打，也不想打败金人，更不想迎回二帝，若迎回二帝，自己的皇位就得泡汤。所以迎回二帝是他最不愿启齿的禁忌，既然是禁忌就不能冒犯。可年轻的岳飞哪知赵构的动机，不顾位卑言轻，据理直

---

[1] 马基雅维利是意大利政治思想家，代表作《君主论》。

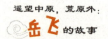

谏，反对逃跑，力请高宗返京抗金。高宗恼怒，以"小臣越职，非所宜言"罢免了岳飞的官职，踢出军营。

建康失守，金兀术搜山检海捉赵构，一路追杀，过长江、越钱塘直至海上，赵构才侥幸脱险，但心有余悸，惶惶不可终日。这时赵构最大的目标是偏安江南。谁把金军赶出江南，拒之江北，谁就是救命稻草，谁就是立国柱石。岳飞收复了建康，了却了赵构的心愿，高宗大喜，破例接见了二十八岁的岳飞，视为可依赖的重臣，擢升岳飞为统制，自此成立了岳家军。岳飞的愿望与高宗的目标一致。

赵构偏安江南，金军没再渡江袭扰，但是江西、湖南叛乱不断，严重干扰了他苟且偷生的安逸。这时赵构的最大动机是平乱荡寇。岳飞驰骋江南，平定了叛乱，高宗大喜，第二次召见岳飞，并亲赐手书"精忠岳飞"大旗。三十一岁的岳飞晋升为都统制，成为兵马大元帅。这一时期，岳飞的愿望与高宗的目标仍一致。

金军与伪齐威胁长江防线。这时赵构的目标是有限击敌，也就是说打击伪齐可以，不可越界打击金军。岳飞带领三万岳家军开始了第一次北伐，收复了襄阳六郡。两年后岳飞带领岳家军第二次北伐，收复了商州和虢州。仅隔两个月第三次北伐，收复蔡州。岳飞的愿望与高宗的目标仍然一致。

随后，事情发生了重大转折，主和派秦桧再次得宠，发生震惊全国的淮西军变，主战派张浚罢相，金人答应宋朝奉迎徽宗棺椁以及赵构生母回朝。这时赵构的最大目标是罢兵求和。

刚毅的岳飞还执拗地认为朝廷要收复失地，为了保全赵构的皇位、挫败金人的阴谋，建言立储，再次触怒龙颜，君臣的嫌隙就此产生了，岳飞的悲剧也就初见端倪了。岳飞的愿望与高宗的目标开始出现偏差。

金人毁约后，刚刚沐浴在和平阳光下的宋廷，又笼罩在战争的阴霾之中。这时赵构的最大目的是以战促和。赵构也许是这样想的：不抵抗则江山不保，打胜了金人则可能在迎回徽宗的棺椁和生母的问题上遭遇阻挠，因此只需以战促和，增加谈判砝码。岳飞带领岳家军第四次北伐，取得了郾城、颍昌大捷，抗旨兵进朱仙镇，眼看胜利在望，却被十二道金牌勒令班师。此时岳飞的愿望与高宗的目标背道而驰。

回过头来看，岳飞的愿望与赵构的目标大体上并不一致，偶有重合，最终还是分道扬镳。由格格不入到一拍即合，到出现偏差，再到背道而驰。岳飞的愿望如笔直的铁轨，他始终怀揣着还我河山、直捣黄龙、迎回二圣的远大志向，不知赵构的目标与他偶有同轨，那也只是巧合。赵构绝不允许有人忤逆自己的意志，君臣不对等的较量就注定岳飞难逃政治悲剧。

第二节　功名与尘土

"三十功名尘与土，八千里路云和月。"一语道尽了岳飞的报国立功的心愿。三十多岁时，岳飞就多次北伐，收复大片山河，威震九州，令敌人闻风丧胆，建立了不世功勋。在一般人看来，他已经功成名就，应该"见好就收"了，从此可以享受功名带来的鲜花掌声、荣华富贵。可岳飞觉得这点功业"小"得像尘土一样微不足道，他还有更大的追求。岳飞的宏愿是"殄丑虏，复三关，迎二圣，使宋朝再振，中国安强"[1]。他毅然决然地要"驾长车，踏破贺兰山缺"。这是怎样的壮怀激烈？又是怎样的满腔抱负？下笔千言，都不如一睹岳元帅亲笔写就的《满江红·写怀》来得真真切切！现在就欣赏一下贮满了悲愤、痛惜、愿望与忠心的原词：

> 怒发冲冠，凭栏处、潇潇雨歇。抬望眼、仰天长啸，壮怀激烈。三十功名尘与土，八千里路云和月。莫等闲、白了少年头，空悲切。
>
> 靖康耻，犹未雪。臣子恨，何时灭？驾长车，踏破贺兰山缺。壮志饥餐胡虏肉，笑谈渴饮匈奴血。待从头、收拾旧山河，朝天阙。

这首红遍华夏、震古烁今的"英雄词"，豪气不亚于苏东坡，气势不输于辛稼轩。真是慷慨激昂、气势磅礴！如果有一腔热血，诵读《满江红·写怀》就会海沸江翻，产生一种时不

---

[1] 引自南宋岳飞《广德军金沙寺壁题记》。

我待的向上力量。鉴湖女侠秋瑾激发出了"身不得,男儿列;心却比,男儿烈"[1]的壮志豪情;开国领袖毛泽东为了顶住超级大国的核威胁,生发了"一万年太久,只争朝夕"[2]的紧迫感。青少年朋友,你读,你思,你品,又做何感想呢?

这首"英雄词"与岳飞的英雄形象十分贴切,非常符合岳飞的刚毅性格,符合岳飞"尽忠报国"之志,也符合岳飞"殄丑虏"的决心。

词首一句"怒发冲冠",说明胸中的怒火已经憋到了极点,头发都炸散开了,顶起了帽子,当然这是艺术夸张手法了。人们不禁要问,是什么事情激起了岳飞雷霆之怒?对英雄岳飞来说,绝对不是个人恩怨,只有民族仇、家国恨,才能让他义愤填膺。

绍兴七年,岳飞进行了第三次北伐,襄阳六郡归宋、收复商虢、剑指伊洛,却突然收兵,准备议和,这是岳飞不愿接受的。所以他的怒,是对投降派的怒,是对不抵抗的怒。至于绍兴十年,岳飞进行了声势浩大的第四次北伐,取得了郾城、颍昌大捷,挺进朱仙镇,胜利在望的情况下,十二道金牌勒令其班师,中断北伐,岳飞痛惜"十年之功,毁于一旦"。这是不能明指的怒,是错失良机的怒,是重新沦陷的怒,是报国无门的怒,总之岳飞愤怒至极。

我们还原一下词中的情景和岳飞的心情。一个孤独的背

---

[1] 引自近代秋瑾《满江红·小住京华》。
[2] 引自毛泽东《满江红·和郭沫若同志》。

影,独处一角亭台,凭栏远眺,亭外的雨时骤时歇,正如他的内心,愁肠百结。北伐,中断,再北伐,再中断,为何如此?怎么也捋不出一个头绪,他心乱如麻,火冒三丈,怒不可遏,像一头雄狮,冲天一怒,如雷嘶吼,希望老天能告诉他这是为什么。可是天公依旧阴沉着脸。人就是这样奇怪,怒完了,吼过了,突然平静了。岳飞开始反省:三十而立,我三十多岁了,只建立了这么一点战功,小得如同尘土,何日才能直捣黄龙、迎回二圣啊?他要的不是什么功名,而是完成抗金救国的大业。只要恨未报、耻未雪,他愿意星月兼程、风雨不惧、纵横万里,直捣敌人老巢,赢得抗金的最后胜利。人生还有几个三十年?若不趁年轻力壮北渡黄河、收复失地,等到"廉颇老矣,尚能饭否"[1]时,再说我老有壮心,还有什么意义?只能徒自悲伤吧!所以自勉一句"莫等闲"!

徽钦二帝北掳,这是靖康之变最大的耻辱,这是大宋的不幸,"耻莫大焉"!十几年过去了,大仇未报,大耻未雪,作为臣子现在就中断北伐,摇尾乞和,这不抱憾终生吗?难道要耻辱一辈子吗?怎么能够咽下这口气!岳飞恨不能现在就扬鞭催马、驾车长驱,踏破贺兰山口,穿越瀚海沙漠,直捣金军的老巢,血洗金人王庭。即便断供粮草也没关系,岳家军同仇敌忾,苦中作乐,饿了就吃金军的肉,渴了就喝金军的血,方解我心头之恨。岳飞确信,他定不会辜负大家的希望,只要让他

---

[1] 引自南宋辛弃疾《永遇乐·京口北固亭怀古》。

第八章 忠义之士千古

提着一支劲旅,定会从头收复大宋原有的河山,重新将它纳入大宋的版图,完成"尽忠报国"的大志,到那时他便可以踏踏实实地回京向皇帝报捷。

这首气冲霄汉的"英雄词",无一字不透英雄气,无一句不显英雄志。英雄从来不是只会打仗的莽汉,绝不是战争的机器。英雄有侠肝义胆,英雄有家国情怀,英雄有民族大义,英雄有爱国精神。英雄岳飞更是如此,乃文乃武,文韬武略。带兵打仗,他是卓越的军事家,是威震敌胆的抗金名将;挥毫泼墨,他是优秀的书法家、词作家。他的"英雄字"不是因人而贵,确实是大气磅礴;他的"英雄词"不是爱而谬赞,的确震古烁今。岳飞的一生是风骨节操的写照,他的作品是滋润文坛的清流,是爱国精神的范本。

"三十功名尘与土",不是说岳飞视功名为"尘土",只是自谦地认为取得的功名小得像"尘土"。他不是"凤歌笑孔丘"[1]的楚狂人,也不是"大志戏功名"[2]的世外高人;他也是有血有肉的普通人,他也渴望功名,只不过他的功名不是个人得失,不是建节封侯,而是民族利益至上、国家利益至上,是报国立功,是更大的追求!所以说英雄也需要立业建功,但不要为功名所累,成就一番事业才是人生的终极目标。

---

[1] 引自唐朝李白《庐山谣寄卢侍御虚舟》。
[2] 引自当代豆豆《遥远的救世主》。

> 遥望中原,荒烟外、许多城郭。想当年、花遮柳护,凤楼龙阁。万岁山前珠翠绕,蓬壶殿里笙歌作。到而今、铁骑满郊畿,风尘恶。
>
> 兵安在?膏锋锷。民安在?填沟壑。叹江山如故,千村寥落。何日请缨提锐旅,一鞭直渡清河洛。却归来、再续汉阳游,骑黄鹤。[1]

---

[1] 岳飞《满江红·登黄鹤楼有感》。

岳飞大事记

1103 年 3 月 24 日
出生于河北相州（今河南安阳）汤阴县永和乡孝悌里。

1118 年，16 岁
与刘氏结婚。

1119 年
长子岳云出生。

1122 年，20 岁
第一次从军，长女岳安娘出生，其父岳和病逝。

1124 年，22 岁
第二次从军。

1126 年，24 岁
第三次从军，参加河东抗金战争，次子岳雷出生，因越职进言，削职除籍；第四次从军，投奔张所，立功后往大名府，第一次跟随主战派宗泽。

1127 年，25 岁
发生靖康之难，北宋灭亡，宋室南迁，与金战于开德府，战于曹州，转战新乡、太行，再归宗泽，升任统制，战于汜水关。

1128 年，26 岁
参与滑州之战，进驻河南，战于汜水关、竹芦渡。

1129 年，27 岁
随杜充南撤建康，破李成，攻克溧阳。

1130 年，28 岁
与第二任妻子李娃结婚，参与常州之战，收复建康，升迁镇抚使，弃泰州；岳云从军，三子岳霖出生。

1131 年，29 岁
破李成、降张用，累迁官职。

1132 年，30 岁
破曹成，驻兵江州，岳飞胞弟岳翻被杀。

1133 年，31 岁
平定吉州、虔州叛乱，再次升迁，御赐"精忠岳飞"，四子岳震出生。

1134 年，32 岁
收复襄汉六郡，初援淮西，战庐州。

1135 年，33 岁
升任节度使、都统制等，平定杨幺叛乱，加检校少保；升任湖北、襄阳招讨使。

1136 年，34 岁
升宣抚副使，定国军节度使，破镇汝军，复商州、虢州和伊阳、长水、福昌、永宁；其母姚太夫人病逝；再援淮西，至江州而还，击败金、伪齐军，收何家寨、蔡州、白塔、牛蹄等地。

1137 年，35 岁
加二品太尉，升宣抚使；随高宗往建康，向北用兵计划遭张俊、秦桧破坏，愤而辞职，后返鄂州复职、淮西兵变、奏请立储，五子岳霆出生。

1138 年，36 岁
请兵北伐，反对乞和。

1139 年，37 岁
加从一品，反对求和。

1140 年，38 岁
加正一品少保，再请立储，复蔡州、颍昌府、淮宁、郑州、汝州、河南等地，深入京东、河北、河东；败金兵于郾城、颍昌，进军朱仙镇，奉诏班师，请辞不准。

1141 年，39 岁
三援淮西、授枢密副使、罢兵权、出使荆州、营救韩世忠，罢一切职务，入大理寺。

1142 年 1 月 27 日，40 岁（实际 39 周岁）
与长子岳云、部将张宪被害于大理寺风波亭狱中（绍兴十一年）。

参考书目

[1] [元] 脱脱, 等. 宋史 [M]. 北京：中华书局，1997.

[2] [宋] 岳珂. 鄂国金佗稡编续编校注 [M]. 北京：中华书局，1999.

[3] [宋] 李心传. 建炎以来系年要录 [M]. 上海：上海古籍出版社，1992.

[4] [宋] 洪迈. 夷坚志 [M]. 北京：中华书局，1981.

[5] [清] 钱彩. 说岳全传 [M]. 北京：华文出版社，2018.

[6] 谭树辉. 岳飞传 [M]. 南昌：江西美术出版社，2009.